Curso

SE05

La diferencia entre aprobar
y sacar plaza

Personal de Servicios

Instituto Mallorquín de Asuntos Sociales (IMAS)

Accede a tu **Curso MAD360** y disfruta de los siguientes recursos:

- Técnicas de Memoria 360.
- MADTEST: Test nivel PRO.
- Temario en formato digital.
- Planificación de estudio.
- Foro entre opositores hasta la fecha del examen.*
- Recursos y novedades exclusivas.
- Consulta sobre la oposición y el proceso selectivo.
- Actualizaciones legislativas (Boletines Oficiales) hasta 60 días antes de la fecha del examen.*

Para acceder al Curso MAD360** será necesaria la compra de todos los libros para esta especialidad de la edición 2024.

Valida los códigos que encuentras en la última página de tus libros y disfruta de la experiencia MAD360.

Infórmate en: mad.es/registro-campus

NOTA IMPORTANTE:

* Examen de esta categoría profesional correspondiente a la convocatoria publicada en el BOIB núm. 151, de 19 de noviembre de 2024, o hasta el 31 de diciembre del 2025, lo que se cumpla antes.

** El acceso al CURSO MAD360 estará disponible desde diciembre de 2024 (algunos recursos podrían estar disponibles en fecha posterior). Tendrá una duración de 365 días, desde la validación de códigos, o hasta el 30 de junio del 2026, lo que se cumpla antes.

MAD se reserva el derecho a ampliar dichas fechas.

Personal de Servicios del Instituto Mallorquín de Asuntos Sociales (IMAS)

Enero, 2025

Personal de Servicios del Instituto Mallorquín de Asuntos Sociales (IMAS)

Test del temario

Autores

TERESA MARÍA TORRES FONSECA
LICENCIADA EN DERECHO

ELENA GARCÍA FERNÁNDEZ
LICENCIADA EN DERECHO

FRANCISCO JESÚS TORRES FONSECA
LICENCIADO EN DERECHO

JUAN MANUEL GIL RAMOS
LICENCIADO EN MEDICINA. MASTER EN SALUD AMBIENTAL.
MÉDICO PUERICULTOR. PROFESOR DE PROCESOS DIAGNÓSTICOS
CLÍNICOS Y PRODUCTOS ORTOPROTÉSICOS Y PROFESOR DE PROCESOS
SANITARIOS Y ASISTENCIALES.

HERMINIA ANDRADES ROMERO
DIPLOMADA EN FISIOTERAPIA.
TÉCNICO SUPERIOR EN IMAGEN PARA EL DIAGNÓSTICO

ANA MARÍA SERRANO BÁRCENA
LICENCIADA EN BIOLOGÍA

M.ª DOLORES MOLADA LOPEZ
DIPLOMADA EN MAGISTERIO
TÉCNICO EN PREVENCIÓN DE RIESGOS LABORALES

DOMINGO GÓMEZ MARTÍNEZ
LICENCIADO EN DERECHO

JOSÉ MANUEL GONZÁLEZ RABANAL
LICENCIADO EN DERECHO

LUIS SILVA GARCÍA
DIPLOMADO UNIVERSITARIO EN ENFERMERÍA
RECUPERACIÓN DE URGENCIAS

© 7 Editores Recursos para la Cualificación Profesional y el Empleo, S.L. (7 Editores)
©Los autores
Primera edición, enero 2025 (198 páginas)
Derechos de edición reservados a favor de 7 Editores
IMPRESO EN ESPAÑA
Diseño Portada: 7 Editores
Edita: 7 Editores
Avda. San Francisco Javier, 9 · Edificio Sevilla 2 · Planta 11 · Módulos 25-27 · 41018 Sevilla
Teléfono: 954 784 411 · WEB: www.mad.es · e-mail: administracion@7editores.com
ISBN: 978-84-142-8990-7
© "Editorial Mad" y "Eduforma" son nombres comerciales registrados de
7 Editores Recursos para la Cualificación Profesional y el Empleo, S.L.

Índice

PARTE GENERAL

TEST N.º 1

La Constitución española de 1978: Estructura y principios generales. Los derechos y deberes fundamentales

1. ¿En qué se fundamenta la Constitución Española?

a) En un Estado social y democrático de Derecho.
b) En la indisoluble unidad de la Nación española.
c) En la independencia de los poderes del Estado.
d) En la organización territorial del Estado.

2. Según el artículo 3 de la CE, el castellano es la lengua oficial del Estado y todos los Españoles:

a) Tienen el deber de usar y el derecho de conocer el castellano.
b) Tienen el derecho y el deber de conocer el castellano.
c) Tienen el deber de conocer y el derecho de usar el castellano.
d) Tienen el derecho de conocer y usar el castellano.

3. La Constitución Española reconoce y garantiza el derecho a la autonomía:

a) De las nacionalidades que la integran.
b) De las regiones que la integran.
c) De las Comunidades Autónomas que la integran.
d) De las nacionalidades y regiones que la integran.

4. El Preámbulo de la Constitución:

a) Tiene en sí carácter de norma jurídica.
b) Es una declaración de intenciones, destinada a interpretar lo que se quiere alcanzar con el contenido normativo de la Constitución.
c) Se trata de un texto sin fuerza jurídica de obligar.
d) Las respuestas b) y c) son correctas.

5. Señala la afirmación correcta, respecto de la aprobación, ratificación y publicación de la Constitución Española:

a) Aprobada por las Cortes el 31 de octubre de 1978, ratificada por el pueblo en referéndum el 6 de diciembre de 1978 y publicada el 29 de diciembre de 1978.
b) Aprobada por las Cortes el 30 de octubre de 1978, ratificada por el pueblo en referéndum el 16 de diciembre de 1978 y publicada el 27 de diciembre de 1978.
c) Aprobada por las Cortes el 31 de octubre de 1978, ratificada por el pueblo en referéndum el 16 de diciembre de 1978 y publicada el 29 de diciembre de 1978.
d) Aprobada por las Cortes el 10 de octubre de 1978, ratificada por el pueblo en referéndum el 26 de diciembre de 1978 y publicada el 30 de diciembre de 1978.

6. ¿En qué parte de la Carta Magna se establece la exposición de motivos que impulsan la norma constitucional y los objetivos que con ella se pretenden alcanzar?

a) En el Título preliminar.
b) En el Preámbulo.
c) En el Título I.
d) En el Título II.

7. La Constitución Española fue sancionada por:

a) El Rey.
b) El Presidente del Congreso.
c) Las Cortes Generales.
d) El Presidente del Gobierno.

8. ¿Cuáles de los siguientes españoles de origen pueden ser privados de su nacionalidad?

a) Exclusivamente los miembros de grupos terroristas.
b) Los miembros de grupos terroristas y los que atenten contra el Rey u otro miembro de la Casa Real.
c) Los que atenten contra un miembro de la Familia Real o del Gobierno de la Nación.
d) Ningún español de origen podrá ser privado de su nacionalidad.

9. Según la CE son fundamentos del orden político y la paz social:

a) La dignidad de la persona, los derechos violables que les son inherentes y el respeto a la ley.
b) La dignidad de la persona, el desarrollo limitado de la personalidad y el respeto a la ley.
c) El respeto a la ley, a los reglamentos administrativos y demás disposiciones legales.
d) La dignidad de la persona, los derechos inviolables que le son inherentes, el libre desarrollo de su personalidad, el respeto a la ley y a los derechos de los demás.

10. ¿Cuál de los siguientes es considerado por la CE como uno de los valores superiores del ordenamiento jurídico?

a) La jerarquía normativa.
b) El pluralismo político.
c) La publicidad normativa.
d) La equidad.

11. La forma política del Estado español es:

a) Democracia parlamentaria.
b) Gobierno parlamentario.
c) Monarquía parlamentaria.
d) República democrática.

12. La parte de la CE que regula la estructura de los principales órganos del Estado recibe el nombre de:

a) Parte dogmática.
b) Parte orgánica.
c) Parte estatal.
d) Parte estructural.

13. Según la CE, la soberanía nacional:

a) Corresponde a las Cortes Generales, al estar compuestas por los representantes del pueblo.
b) Corresponde al Rey.
c) Reside en el pueblo español.
d) Corresponde al Gobierno de la Nación elegido directamente por el pueblo.

14. El derecho a la propiedad en nuestra Constitución es un Derecho:

a) Inherente a la condición humana.
b) Absoluto.
c) Limitado por la función social de la misma.
d) Ninguna de las respuestas anteriores es correcta.

15. ¿En qué parte de la Carta Magna se señalan los valores superiores del ordenamiento jurídico?

a) En el Preámbulo.
b) En el Título Preliminar.
c) En el Título I.
d) Ninguna respuesta es correcta.

16. ¿Cuál de las siguientes es una de las características de nuestra Constitución de 1978?

a) Consensuada.
b) Corta.
c) Conservadora.
d) Originalidad.

17. Son el fundamento del orden político y de la paz social:

a) El libre desarrollo de la personalidad.
b) Los derechos inviolables que les son inherentes.
c) El respeto a la ley y a los derechos de los demás.
d) Todas las respuestas son correctas.

18. ¿Qué quedará excluido de extradición?

a) Los delitos criminales.
b) Los delitos políticos.
c) Los actos de terrorismo.
d) Ninguno.

19. ¿Qué debe ser democrático, a tenor de lo dispuesto en la Constitución Española, en los sindicatos de trabajadores y las asociaciones empresariales?

a) Su funcionamiento.
b) Su estructura interna.
c) Su funcionamiento y estructura interna.
d) Sus órganos asamblearios.

20. ¿De cuántos Capítulos consta el Título I de la CE de 1978?

a) De tres.
b) De cinco.
c) De dos.
d) De cuatro.

21. Dispone la Carta Magna que todos contribuirán al sostenimiento de los gastos públicos de acuerdo con su capacidad económica mediante un sistema tributario justo inspirado en los principios de:

a) Legalidad y equidad.
b) Igualdad y progresividad.
c) Publicidad y legalidad.
d) Eficacia y sostenibilidad.

22. Las primeras elecciones democráticas celebradas en España tras la muerte de Franco tuvieron lugar en:

a) 1975.
b) 1976.
c) 1977.
d) 1978.

23. El referéndum en el que se aprobó popularmente la Constitución se llevó a efecto el:

a) 27 de diciembre de 1978.
b) 6 de diciembre de 1978.
c) 31 de octubre de 1978.
d) 29 de diciembre de 1979.

24. La ponencia encargada de redactar el borrador de la Constitución se constituyó en el:

a) Senado.
b) Senado y Congreso de los Diputados.
c) Congreso de los Diputados.
d) Gobierno de la Nación.

25. Si un poder público, en su actuación, infringe lo dispuesto en el Preámbulo de la Constitución:

a) Incurre en nulidad.
b) Incurre en inconstitucionalidad.
c) No pasa nada salvo que, como consecuencia de esa actuación, se infrinja un artículo de la propia Constitución.
d) Nada de lo anterior es cierto.

26. El principio en virtud del cual el ciudadano está amparado por una legislación no sujeta a continuos vaivenes es el de:

a) Legalidad.
b) Publicidad normativa.
c) Seguridad jurídica.
d) Jerarquía normativa.

27. El principio en virtud del cual un Reglamento no puede contradecir una ley es el de:

a) Legalidad.
b) Jerarquía normativa.

c) Las respuestas a) y b) son correctas.
d) Seguridad jurídica.

28. Según la Constitución, una norma que imponga una nueva pena más leve para un delito:

a) No se aplica retroactivamente.
b) Puede aplicarse retroactivamente.
c) Ha de ser reglamentaria.
d) Atenta contra el principio de legalidad penal si se aplica retroactivamente.

29. Todos los españoles, respecto al castellano, tienen el:

a) Derecho-deber de conocerlo.
b) Derecho de usar y deber de conocerlo.
c) Derecho-deber de usarlo.
d) Nada de lo anterior.

30. La capital del Estado en España es:

a) La propia de cada Comunidad Autónoma.
b) La villa de Madrid.
c) Aquella donde se establezca en cada momento el Gobierno de la Nación.
d) Aquella en la que resida generalmente el Rey.

31. Las Comunidades Autónomas deben usar o instalar la bandera española:

a) En sus edificios.
b) En los actos oficiales.
c) Cuando lo solicite el Delegado del Gobierno de la Nación en las mismas.
d) Cuando lo estimen oportuno.

32. Deben tener una estructura interna y un funcionamiento democrático los/las:

a) Partidos Políticos.
b) Colegios Profesionales.
c) Organizaciones Profesionales.
d) Todos ellos.

33. La defensa de la integridad territorial de España se atribuye por la Constitución a/al/a las:

a) Fuerzas y Cuerpos de Seguridad.
b) Fuerzas Armadas.
c) Gobierno de la Nación.
d) Todas las anteriores.

34. El derecho a la vida se consagra en el siguiente artículo de la Constitución:

a) 10.
b) 16.
c) 15.
d) 24.

35. La pena de muerte en España:

a) Ha quedado abolida.
b) Puede aplicarse en cualquier momento.
c) Solo se aplicará, en tiempo de guerra, a los militares.
d) Rige solo en el ámbito civil.

36. La inmediata puesta a disposición judicial derivada del *habeas corpus*, se produce por:

a) Detención ilegal.
b) Prisión ilegal.
c) Prisión preventiva.
d) Detención preventiva.

37. El proceso en el que se enjuicie a un presunto delincuente debe:

a) Ser sumario.
b) No dilatarse.
c) Entorpecer los instrumentos probatorios.
d) Nada de lo anterior es cierto.

38. La entrada en un domicilio en caso de flagrante delito, sin autorización de su titular:

a) Puede dar lugar a la aplicación del habeas corpus.
b) Requiere autorización previa de la autoridad judicial.
c) Puede efectuarse en todo momento.
d) No puede realizarse en momento alguno.

39. Cuando, al conocerse la comisión de un delito por una persona, se acude a su domicilio para detenerla:

a) Está obligada a franquear la entrada.
b) Se necesitará autorización judicial para entrar, si no da su consentimiento para ello.
c) Pese a que no dé su consentimiento, se puede entrar.
d) Nada de lo anterior es correcto.

40. La autorización previa para celebrar una manifestación pública:

a) La da el Subdelegado del Gobierno en la Provincia.
b) Es ineludible.
c) Sería inconstitucional.
d) Se da cuando no se prevean alteraciones al orden público, con peligro para personas o bienes.

41. El tipo de sufragio que consagra la Constitución es el:

a) Proporcional.
b) Universal.
c) Censitario.
d) Las respuestas a) y b) son correctas.

42. Además de la no autoinculpación, la Constitución prevé que no se está obligado a declarar sobre un hecho presuntamente delictivo en caso de:

a) Parentesco y afinidad.
b) Cláusula de conciencia.
c) Secreto profesional.
d) Las respuestas a) y b) son correctas.

43. Una vez declarado el estado de excepción no se puede suspender el derecho/ libertad de:

a) Huelga.
b) Enseñanza.
c) Adopción de medidas de conflicto colectivo.
d) Libertad de circulación.

44. Durante el estado de excepción, un detenido conserva el derecho de/a:

a) Setenta y dos horas para ser puesto a disposición judicial.
b) Secreto de comunicaciones.
c) Asistencia de Letrado.
d) Ninguno de ellos.

45. Se puede suspender, con motivo de investigaciones relativas a bandas armadas, el derecho de:

a) Huelga.
b) Inviolabilidad del domicilio.
c) Libertad de circulación.
d) Las respuestas b) y c) son correctas.

Solución al test n.º 1

1. b) En la indisoluble unidad de la Nación española.

2. c) Tienen el deber de conocer y el derecho de usar el castellano.

3. d) De las nacionalidades y regiones que la integran.

4. d) Las respuestas b) y c) son correctas.

5. a) Aprobada por las Cortes el 31 de octubre de 1978, ratificada por el pueblo en referéndum el 6 de diciembre de 1978 y publicada el 29 de diciembre de 1978.

6. b) En el Preámbulo.

7. a) El Rey.

8. d) Ningún español de origen podrá ser privado de su nacionalidad.

9. d) La dignidad de la persona, los derechos inviolables que le son inherentes, el libre desarrollo de su personalidad, el respeto a la ley y a los derechos de los demás.

10. b) El pluralismo político.

11. c) Monarquía parlamentaria.

12. b) Parte orgánica.

13. c) Reside en el pueblo español.

14. c) Limitado por la función social de la misma.

15. b) En el Título Preliminar.

16. a) Consensuada.

17. d) Todas las respuestas son correctas.

18. b) Los delitos políticos.

19. c) Su funcionamiento y estructura interna.

20. b) De cinco.

21. b) Igualdad y progresividad.

22. c) 1977.

23. b) 6 de diciembre de 1978.

24. c) Congreso de los Diputados.

25. c) No pasa nada, salvo que, como consecuencia de esa actuación, se infrinja un artículo de la propia Constitución.

26. c) Seguridad jurídica.

27. c) Las respuestas a) y b) son correctas.

28. b) Puede aplicarse retroactivamente.

29. b) Derecho de usar y deber de conocerlo.

30. b) La villa de Madrid.

31. b) En los actos oficiales.

32. d) Todos ellos.

33. b) Fuerzas Armadas.

34. c) 15.

35. a) Ha quedado abolida.

36. a) Detención ilegal.

37. b) No dilatarse.

38. c) Puede efectuarse en todo momento.

39. b) Se necesitará autorización judicial para entrar, si no da su consentimiento para ello.

40. c) Sería inconstitucional.

41. b) Universal.

42. c) Secreto profesional.

43. b) Enseñanza.

44. c) Asistencia de Letrado.

45. b) Inviolabilidad del domicilio.

TEST N.º 2

Las formas de organización territorial del Estado. Las comunidades autónomas. El Estatuto de Autonomía de las Islas Baleares: disposiciones generales y principios fundamentales. Competencias e instituciones de la comunidad autónoma de las Islas Baleares

1. Según la Constitución, las entidades que forman parte de la organización territorial del Estado tienen la nota común de:

a) Autogobierno.
b) Independencia.
c) Autonomía.
d) Financiación propia.

2. La titularidad de la soberanía española radica en el/las:

a) Cortes Generales como representantes del pueblo español.
b) Rey como Jefe del Estado.
c) Pueblo mismo.
d) Nacionalidades y regiones que integran España.

3. No pueden constituirse en Comunidades Autónomas los territorios:

a) Que no estén integrados en la organización provincial.
b) Que, no siendo superiores a una provincia, tengan entidad regional histórica.
c) Que, no siendo superiores a una provincia, no tengan entidad regional histórica.
d) Interinsulares.

4. La vía ordinaria de acceso a la autonomía por el artículo 143 de la Constitución se sigue por los/las:

a) Provincias con entidad regional histórica.
b) Territorios que en el pasado hubieren plebiscitado afirmativamente proyecto de Estatuto de Autonomía.

c) Provincia sin entidad regional histórica directamente.

d) Supuestos especiales de Ceuta, Melilla y Gibraltar.

5. Entre las determinaciones de los Estatutos de Autonomía no es necesario incluir la:

a) Delimitación de su territorio.

b) Denominación de las instituciones autónomas propias.

c) Denominación de la Comunidad.

d) Denominación, organización y sede de sus instituciones administrativas.

6. En las Comunidades Autónomas que siguen la vía común, el Proyecto de Estatuto será elaborado por la/los:

a) Asamblea de Parlamentarios que se constituye al efecto.

b) Comisión Constitucional del Congreso de los Diputados.

c) Diputación Provincial correspondiente.

d) Miembros de la Diputación u órgano interinsular y por los Diputados y Senadores elegidos por ellas.

7. El voto de ratificación por los Plenos del Senado y del Congreso de los Diputados se dará en el/las:

a) Comunidades Autónomas que siguen la vía común.

b) Comunidades Autónomas que siguen la vía especial.

c) Acceso a la autonomía de Ceuta y Melilla.

d) Acceso a la autonomía de Gibraltar.

8. La responsabilidad política del Presidente de una Comunidad Autónoma se exige por el/la:

a) Sala de lo Penal del Tribunal Supremo.

b) Congreso de los Diputados.

c) Tribunal Superior de Justicia de la Comunidad Autónoma.

d) Asamblea Legislativa de la Comunidad Autónoma.

9. La Asamblea Legislativa de las Comunidades Autónomas se elige:

a) Con criterios de representación territorial.

b) Con criterios de representación proporcional.

c) Por sufragio individual.

d) Con criterios de representación provincial.

10. El principio de coordinación con la Hacienda estatal se consigue por:

a) El Fondo de Compensación Interterritorial.

b) Los preceptos de las sucesivas Leyes de Presupuestos Generales del Estado.

c) La creación del Consejo de Política Fiscal y Financiera de las Comunidades Autónomas.
d) Imperativo de la propia Constitución.

11. Los Estatutos de Autonomía deberán contener el/la/las:

a) Competencias que se dejan al Estado y las que asume la Comunidad.
b) Competencias que, en función de la Constitución, asume cada Comunidad Autónoma.
c) Desarrollo de la Administración Autonómica.
d) División provincial y órganos de gobierno.

12. En la reforma de los Estatutos intervienen las Cortes Generales:

a) Siempre.
b) Nunca.
c) Sólo cuando se trata de Comunidades Autónomas que accedieron por la vía común.
d) En las Comunidades Autónomas de vía especial exclusivamente.

13. Los miembros de las Diputaciones u órganos interinsulares intervienen en la elaboración de los Estatutos de Autonomía:

a) En todo caso.
b) Nunca.
c) En las Comunidades Autónomas de vía común.
d) En las Comunidades Autónomas de vía especial.

14. Los Estatutos de Autonomía en la vía común se aprueban por el:

a) Congreso de los Diputados mediante Ley Orgánica.
b) Congreso de los Diputados y Senado por Ley Orgánica.
c) Congreso de los Diputados y Senado por Ley ordinaria.
d) Parlamento Autonómico solamente.

15. La más alta representación de una Comunidad Autónoma la ostenta el:

a) Presidente del Parlamento Autonómico.
b) Presidente de la Comunidad Autónoma.
c) Rey.
d) Presidente del Gobierno de la Nación.

16. La asunción de competencias y de mayor autonomía por las Comunidades Autónomas es, como regla general:

a) Regresiva.
b) Progresiva.

c) Automática.
d) Inmediata.

17. En la elaboración por la vía común de los Estatutos de Autonomía:

a) No intervienen los Municipios afectados.
b) Intervendrán en todo caso.
c) Sólo intervienen las Diputaciones Provinciales u órganos interinsulares.
d) Sólo intervienen los Municipios y los Diputados y Senadores.

18. El principio de solidaridad consagrado por el artículo 138 de la Constitución exige una atención especial a:

a) Las Comunidades Autónomas de economía más deprimida.
b) Las Entidades locales de ámbito territorial inferior al municipal.
c) Todas las partes del territorio nacional.
d) Las Islas.

19. La federación de Comunidades Autónomas, según la Constitución:

a) Sólo se permite respecto de las limítrofes.
b) Requiere Ley Orgánica de las Cortes Generales.
c) Ha de efectuarse previa reforma de la propia Constitución.
d) Está absolutamente prohibida.

20. No es elemento del Municipio el/la/las:

a) Organización.
b) Territorio.
c) Competencias.
d) Población.

21. El día de las Illes Balears se celebra el:

a) El 1 de marzo.
b) El 2 de mayo.
c) El 30 de mayo.
d) El 9 de junio.

22. Según el artículo 12 del Estatuto de Autonomía, la Comunidad Autónoma de las Illes Balears fundamenta el derecho al autogobierno en los valores del respeto a la dignidad humana, la libertad, la igualdad, la justicia, la paz y:

a) Los derechos humanos.
b) El bienestar social.

c) El pluralismo político.
d) La legalidad.

23. Según el artículo 17 del Estatuto de Autonomía de la Comunidad Autónoma de las Illes Balears, todas las mujeres y hombres tienen derecho al libre desarrollo de su personalidad y capacidad personal, y a vivir con dignidad, seguridad y:

a) Libertad.
b) Autonomía.
c) Independencia.
d) Bienestar.

24. ¿Qué artículo del Estatuto de Autonomía de la Comunidad Autónoma de las Illes Balears (Ley Orgánica 1/2007, de 28 de febrero) reconoce el derecho de acceso a una vivienda digna de los ciudadanos de las Illes Balears?

a) Artículo 15.
b) Artículo 18.
c) Artículo 20.
d) Artículo 22.

25. Según el artículo 28 del Estatuto de Autonomía de la Comunidad Autónoma de las Illes Balears, en relación con sus datos personales que figuren en los ficheros de titularidad de las Administraciones Públicas de la Comunidad Autónoma y de los entes u organismos de cualquier clase vinculados o dependientes de las mismas, todas las personas tienen derecho al acceso, la protección, la corrección y:

a) Caducidad.
b) Seguridad.
c) Omisión.
d) Cancelación.

26. Los miembros del Consejo Audiovisual de las Illes Balears son nombrados por el Parlamento de las Illes Balears mediante el voto favorable de:

a) La mayoría simple de sus miembros.
b) La mayoría absoluta de sus miembros.
c) Las tres quintas partes de sus miembros.
d) Los dos tercios de sus miembros.

27. ¿Quién nombra al Presidente del Tribunal Superior de Justicia de las Illes Balears?

a) El Rey, a propuesta del Consejo General del Poder Judicial.
b) El Presidente del Gobierno, a propuesta del Consejo General del Poder Judicial.
c) El Rey, a propuesta del Gobierno de la Nación.
d) El Presidente del Consejo de Gobierno, a propuesta del Consejero competente en materia de justicia.

28. Uno de los principios en que se fundamenta la financiación de la Comunidad Autónoma de las Illes Balears, es, según el artículo 120.2 del Estatuto de Autonomía, el de prudencia financiera y:

a) Economía social.
b) Transparencia.
c) Austeridad.
d) Responsabilidad solidaria.

29. La Comunidad Autónoma de las Illes Balears tiene la competencia exclusiva sobre la siguiente materia:

a) Contratos y concesiones administrativas en el ámbito sustantivo de competencias de la Comunidad Autónoma.
b) Régimen local.
c) Formación profesional continua.
d) Protección de menores.

30. La Comunidad Autónoma de las Illes Balears tiene la competencia exclusiva sobre la siguiente materia:

a) Pesca marítima en las aguas de las Illes Balears.
b) Régimen jurídico y sistema de responsabilidad de la Administración de la Comunidad Autónoma.
c) Ordenación del sector pesquero.
d) La gestión del dominio público marítimo-terrestre.

31. Corresponde a la Comunidad Autónoma de las Illes Balears, en los términos que se establezcan en las leyes y normas reglamentarias que, en desarrollo de su legislación, dicte el Estado, la función ejecutiva en materia de:

a) Régimen minero y energético.
b) Propiedad industrial.
c) Protección civil. Emergencias.
d) Estatuto de los funcionarios de la Administración de la Comunidad Autónoma y de la administración local.

32. La iniciativa de reforma del Estatuto de Autonomía por parte del Parlamento Balear precisa ser propuesta por al menos:

a) Una quinta parte de los Diputados.
b) Una cuarta parte de los Diputados.
c) Un tercio de los Diputados.
d) Dos tercios de los Diputados.

33. Está facultado para iniciar la reforma del Estatuto de Autonomía de la Comunidad Autónoma de las Illes Balears:

a) El Presidente del Gobierno.
b) Las Cortes Generales.
c) El Senado.
d) El Tribunal Constitucional.

34. ¿Por cuántos Diputados se integra el Parlamento de las Illes Balears?

a) Por 59.
b) Por 64.
c) Por 80
d) Por 95.

35. El Parlamento de las Illes Balears se constituirá en el plazo máximo, después de la celebración de las elecciones, de:

a) 15 días.
b) 20 días.
c) 30 días.
d) 45 días.

36. En relación con las incompatibilidades al cargo de Diputado del Parlamento de las Illes Balears, es cierto que:

a) Todas las causas de inelegibilidad lo son también de incompatibilidad.
b) Podrá acumularse el acta de la Asamblea de la Comunidad Autónoma con la de Diputado al Congreso.
c) El cargo de Senador es totalmente compatible con el de Diputado del Parlamento de las Illes Balears.
d) Los parlamentarios europeos podrán compatibilizar su cargo con el de Diputado del Parlamento de las Illes Balears.

37. La iniciativa legislativa popular se ejercerá mediante proposiciones de ley suscritas, al menos, por un número de ciudadanos mayores de edad inscritos en el Centro Electoral y con vecindad administrativa en cualquiera de los municipios de las islas Baleares, de:

a) 5.000 firmas.
b) 10.000 firmas.
c) 15.000 firmas.
d) 25.000 firmas.

38. La iniciativa legislativa popular podrá versar sobre:

a) Las instituciones de la Comunidad Autónoma, los Consejos Insulares y los municipios.

b) La denominación, territorio, idiomas y símbolos de la Comunidad Autónoma de las Islas Baleares.

c) El régimen electoral.

d) Salud y sanidad.

39. El Consejo de Gobierno podrá dictar medidas legislativas provisionales en forma de Decretos leyes que podrán afectar:

a) A las materias objeto de leyes de desarrollo básico del Estatuto de Autonomía.

b) A los presupuestos generales de la Comunidad Autónoma.

c) Al régimen estatutario de los funcionarios de la Administración de la Comunidad Autónoma.

d) Al ordenamiento de las instituciones básicas de la Comunidad Autónoma de las Illes Balears.

40. Los Decretos leyes quedarán derogados si no son convalidados expresamente por el Parlamento después de un debate y una votación de totalidad, en el plazo improrrogable de:

a) 15 días subsiguientes a su promulgación.

b) 30 días subsiguientes a su promulgación.

c) 3 meses subsiguientes a su promulgación.

d) 6 meses subsiguientes a su promulgación.

41. La aprobación y la reforma del Reglamento del Parlamento de las Illes Balears requerirán:

a) La mayoría simple de los componentes del Parlamento.

b) La mayoría absoluta de los componentes del Parlamento.

c) El voto favorable de dos tercios de sus miembros.

d) El voto favorable de tres quintos de sus miembros.

42. El Síndic de Greuges será elegido por el Parlamento de las Illes Balears, por:

a) Mayoría simple de los Diputados.

b) Mayoría absoluta de los Diputados.

c) Los dos tercios de los Diputados.

d) Los tres quintos de los Diputados.

43. El Consejo Consultivo de las Illes Balears está integrado como máximo por:

a) 3 juristas de reconocido prestigio.

b) 5 juristas de reconocido prestigio.

c) 8 juristas de reconocido prestigio.
d) 10 juristas de reconocido prestigio.

44. Las consultas al Consejo Consultivo de las Illes Balears por proyectos y proposiciones de reforma del Estatuto de Autonomía, serán resueltos por aquel en un plazo máximo de:

a) 15 días hábiles desde la recepción de la correspondiente solicitud del dictamen.
b) Un mes desde la recepción de la correspondiente solicitud del dictamen.
c) 30 días hábiles desde la recepción de la correspondiente solicitud del dictamen.
d) Dos meses desde la recepción de la correspondiente solicitud del dictamen.

45. El cargo de Presidente de las Illes Balears es incompatible con el ejercicio de la siguiente actividad:

a) El desarrollo de las funciones propias de la condición de parlamentario.
b) Las actividades correspondientes a la administración del patrimonio personal y familiar.
c) El ejercicio de cargos representativos, sin remuneración, en un partido político.
d) Militar profesional en activo.

46. ¿En cuál de las siguientes causas de cese, el Presidente de las Illes Balears no continúa en el ejercicio del cargo hasta que su sucesor tome posesión?

a) La elección de nuevo Presidente después de elecciones autonómicas.
b) La denegación de la cuestión de confianza.
c) La dimisión comunicada por escrito al Presidente del Parlamento.
d) La pérdida de la condición de Diputado del Parlamento.

47. En caso de defunción del Presidente de las Illes Balears, el Presidente del Parlamento, para la elección de un nuevo Presidente, reunirá la Cámara en un plazo máximo de:

a) 15 días.
b) 1 mes.
c) 40 días.
d) 2 meses.

48. El Presidente de las Illes Balears, como representante ordinario del Estado en la Comunidad Autónoma, promulgará en nombre del Rey las Leyes y los Decretos Legislativos y ordenará su publicación en el «Butlletí Oficial de les Illes Balears» y en el «Boletín Oficial del Estado», en el plazo, a contar desde el día en que hayan sido aprobados, de:

a) 7 días.
b) 10 días.

c) 15 días.
d) 20 días.

49. El Presidente de las Illes Balears podrá delegar en el Vicepresidente, en su caso, o en un Consejero, la función de:

a) Resolver los conflictos de atribuciones entre las Consejerías.

b) Convocar las reuniones del Consejo de Gobierno, fijar su orden del día, presidirlas, suspenderlas y levantar sus sesiones, y dirigir los debates y las deliberaciones que en ellas se produzcan.

c) Firmar los Decretos aprobados por el Gobierno y ordenar su publicación en el «Butlletí Oficial de les Illes Balears».

d) Someter a deliberación y a acuerdo del Consejo de Gobierno la interposición del recurso de inconstitucionalidad, así como el planteamiento de conflictos de competencias ante el Tribunal Constitucional.

50. La moción de censura al Presidente de las Illes Balears debe ser propuesta por al menos:

a) Un 10 % de los Diputados.
b) Un 15 % de los Diputados.
c) Un 25 % de los Diputados.
d) Un 30 % de los Diputados.

Solución al test n.º 2

1. c) Autonomía.

2. c) Pueblo mismo.

3. d) Interinsulares.

4. a) Provincias con entidad regional histórica.

5. d) Denominación, organización y sede de sus instituciones administrativas.

6. d) Miembros de la Diputación u órgano interinsular y por los Diputados y Senadores elegidos por ellas.

7. b) Comunidades Autónomas que siguen la vía especial.

8. d) Asamblea Legislativa de la Comunidad Autónoma.

9. b) Con criterios de representación proporcional.

10. c) La creación del Consejo de Política Fiscal y Financiera de las Comunidades Autónomas.

11. b) Competencias que, en función de la Constitución, asume cada Comunidad Autónoma.

12. a) Siempre.

13. c) En las Comunidades Autónomas de vía común.

14. b) Congreso de los Diputados y Senado por Ley Orgánica.

15. b) Presidente de la Comunidad Autónoma.

16. b) Progresiva.

17. a) No intervienen los Municipios afectados.

18. d) Las Islas.

19. d) Está absolutamente prohibida.

20. c) Competencias.

21. a) El 1 de marzo.

22. a) Los derechos humanos.

23. b) Autonomía.

24. d) Artículo 22.

25. d) Cancelación.

26. c) Las tres quintas partes de sus miembros.

27. a) El Rey, a propuesta del Consejo General del Poder Judicial.

28. c) Austeridad.

29. d) Protección de menores.

30. a) Pesca marítima en las aguas de las Illes Balears.

31. b) Propiedad industrial.

32. a) Una quinta parte de los Diputados.

33. b) Las Cortes Generales.

34. a) Por 59.

35. c) 30 días.

36. a) Todas las causas de inelegibilidad lo son también de incompatibilidad.

37. b) 10.000 firmas.

38. d) Salud y sanidad.

39. c) Al régimen estatutario de los funcionarios de la Administración de la Comunidad Autónoma.

40. b) 30 días subsiguientes a su promulgación.

41. b) La mayoría absoluta de los componentes del Parlamento.

42. d) Los tres quintos de los Diputados.

43. d) 10 juristas de reconocido prestigio.

44. c) 30 días hábiles desde la recepción de la correspondiente solicitud del dictamen.

45. d) Militar profesional en activo.

46. d) La pérdida de la condición de Diputado del Parlamento.

47. d) 2 meses.

48. c) 15 días.

49. a) Resolver los conflictos de atribuciones entre las Consejerías.

50. b) Un 15 % de los Diputados.

TEST N.º 3

Los Consejos Insulares: características generales. Composición, organización y competencias en el marco legislativo estatal y autonómico. Composición, organización y competencias del Instituto Mallorquín de Asuntos Sociales

1. Los Consejos Insulares:

a) Son instituciones de la comunidad autónoma de las Illes Balears y como tales, participan en las potestades normativa y legislativa de esta, en los términos previstos en el Estatuto de Autonomía.

b) Son las instituciones de gobierno de cada una de las islas y ejercen el gobierno, la administración y la representación de las islas de Mallorca, Menorca, Ibiza y Formentera, así como de las islas menores adyacentes.

c) Son las instituciones de gobierno de cada una de las islas, como entidades locales dotadas de personalidad jurídica plena.

d) Se regulan por Real Decreto Legislativo 4/2022, de 28 de junio.

2. Las islas, según indica el artículo 2 de la Ley 4/2022, de 28 de junio:

a) No pueden plantear conflictos en defensa de su autonomía local, por la condición de isla.

b) No son entidades locales territoriales.

c) Son entidades locales dotadas de personalidad jurídica propia.

d) Todas son correctas.

3. La duración del mandato de los consejeros electos del Consejo Insular es de:

a) Cuatro años.

b) Cinco años.

c) Tres años.

d) Seis años.

4. ¿En qué casos puede haber en el Consejo Ejecutivo del Consejo Insular dos o más Vicepresidentes que deben actuar de acuerdo con el orden de prelación establecido por el Presidente, en el Decreto de nombramiento?

a) En todos.
b) Si lo prevé el reglamento orgánico.
c) Si lo prevé por Decreto, el Presidente.
d) Cuando así quede establecido legalmente.

5. De las siguientes reglas generales establecidas en el artículo 13 de la Ley 4/2022, una no es correcta:

a) Los Consejos Insulares se estructuran en órganos de gobierno y órganos de administración.
b) Los Consejos Insulares, mediante los reglamentos orgánicos respectivos y otras normas que los desarrollen o completen, establecen su organización de acuerdo con el Estatuto de Autonomía de la Illes Balears y la Ley 4/2022, en el marco de lo que dispone la legislación básica de régimen jurídico de las administraciones públicas.
c) Cada Consejo Insular, de acuerdo con su reglamento orgánico, puede crear otros órganos complementarios, regular su estructura y su funcionamiento, y descentralizar en ellos las competencias atribuidas a los órganos de gobierno y a los órganos superiores de administración, incluido el pleno, con los límites previstos legalmente.
d) Las particularidades de la organización del Consejo Insular de Formentera son las previstas en el Título IX de la Ley 4/2022.

6. Son órganos directivos, en los Consejos Insulares, según indica el artículo 14 de la Ley 4/2022:

a) Los consejeros ejecutivos.
b) Los directores insulares.
c) Los directores generales.
d) Los subsecretarios técnicos.

7. ¿Cuál de los siguientes tiene la consideración de órganos directivos, excepto previsión en contra en el reglamento orgánico?

a) El Secretario General.
b) El Interventor General.
c) El Tesorero.
d) Todas son correctas.

8. ¿En qué casos el Presidente del Consejo Insular convoca y preside el Pleno?

a) En todos.
b) En todos, salvo en los supuestos que prevé el Estatuto de Autonomía.
c) En todos, salvo en los supuestos que prevé la Ley 4/2022 y la legislación electoral.
d) En todos, salvo disposición legal en contrario.

9. Un Director Insular:

a) Es un órgano superior.
b) Gestiona los servicios comunes de uno o más departamentos.
c) Es un órgano directivo.
d) Ninguna es correcta.

10. Entre las funciones que le corresponden al Pleno del Consejo Insular, según indica el artículo 17 de la Ley 4/2022, no se encuentra la siguiente:

a) Ejercer la iniciativa legislativa de acuerdo con el Estatuto de Autonomía.
b) Aprobar y modificar el presupuesto y la cuenta general del ejercicio correspondiente, y aprobar el reconocimiento extrajudicial de créditos, siempre y cuando no exista dotación presupuestaria u operaciones especiales de crédito.
c) Aprobar el reglamento orgánico, que debe incluir los criterios fundamentales de estructuración de la administración del Consejo Insular, y ejercer la potestad reglamentaria en las materias previstas en el Estatuto de Autonomía.
d) Dictar los decretos de creación y extinción de los departamentos insulares en el marco del reglamento orgánico, de acuerdo con el artículo 31 de esta ley 4/2022.

11. Corresponde al Presidente del Consejo Insular, las atribuciones establecidas en el artículo 21 de la Ley 4/2022, entre las que se encuentran:

a) Establecer las directrices generales de la acción de gobierno y dar las instrucciones pertinentes a los miembros del Consejo ejecutivo para mantener la unidad de dirección política y administrativa.
b) Velar por el cumplimiento de las disposiciones y los acuerdos del pleno y del Consejo ejecutivo.
c) Dictar los decretos de creación y extinción de los departamentos insulares en el marco del reglamento orgánico, de acuerdo con el artículo 31 de la Ley 4/2022.
d) Todas son correctas.

12. Según el artículo 70 del Estatuto de Autonomía, el régimen local:

a) Es una competencia propia de los Consejos Insulares.
b) Es una competencia delegada.
c) Es una competencia compartida.
d) Es exclusiva del Estado.

13. El Consejo ejecutivo, según indica el artículo 26 de la Ley 4/2022:

a) Ejerce la función ejecutiva general en relación con las competencias del Consejo Insular.
b) Está integrado por el presidente, vicepresidente o vicepresidentes y los consejeros ejecutivos que tendrán que tener la condición de electos.
c) Responde políticamente ante el Pleno de su gestión de forma solidaria, sin perjuicio de la responsabilidad directa de cada uno de sus miembros.
d) Son correctas a) y c).

14. ¿A quién le corresponde aprobar el proyecto de presupuestos, así como aprobar el resto de planes insulares y de cooperación?

a) Al Presidente del Consejo Insular.
b) Al Consejo Ejecutivo.
c) Al Pleno.
d) Ninguna es correcta.

15. La Agencia Tributaria de las Illes Balears:

a) Tiene personalidad jurídica plena.
b) Es un ente público de carácter estatutario.
c) Se regula reglamentariamente.
d) Todas son correctas.

16. Si un Consejo Insular, mediante acuerdo del Pleno, solicita del Gobierno, la adopción de un proyecto de ley:

a) El acuerdo correspondiente se aprobará por mayoría simple del Pleno.
b) El acuerdo exige mayoría absoluta del Pleno.
c) Designará una delegación de hasta tres miembros de la corporación para defender el proyecto de ley.
d) Habrá que estar a lo dispuesto en el artículo 89 de la Ley 4/2022.

17. Todas las competencias de los Consejos Insulares se ejercen de acuerdo ¿a qué principio?

a) Buena fe.
b) Confianza legítima.
c) Lealtad institucional.
d) Igualdad.

18. En relación con los municipios y otras entidades locales de la isla respectiva, corresponde a los Consejos Insulares:

a) La coordinación de los servicios municipales en los términos del Estatuto de Autonomía, así como la coordinación de los servicios municipales entre sí para garantizar su prestación integral y adecuada en todo el territorio nacional.
b) La asistencia y la cooperación jurídica, económica y técnica, especialmente a los de menor capacidad económica y de gestión. En todo caso, los Consejos Insulares garantizan a los municipios de más de 2.000 habitantes la prestación de los servicios de secretaría e intervención.
c) La prestación de servicios públicos de carácter supramunicipal.
d) Todas son correctas.

19. ¿En qué casos, los Consejos Insulares coordinan o asumen la prestación de los servicios municipales en los términos establecidos en la legislación de régimen local?

a) En los municipios con población inferior a 25.000 habitantes.
b) En los municipios de gran población.
c) En los municipios con población inferior a 20.000 habitantes.
d) En ningún caso.

20. ¿En qué casos los municipios y otras entidades locales pueden delegar el ejercicio de sus competencias en el Consejo Insular respectivo?

a) Siempre.
b) Cuando se den razones de eficacia y eficiencia debidamente justificadas.
c) En casos de necesidad y urgencia.
d) Cuando así se disponga reglamentariamente.

21. Según el artículo 106.1 de la Ley 4/2022, las propuestas de delegación de competencias se someterán a información pública y audiencia de las personas interesadas por un plazo:

a) Máximo de un mes.
b) De un mes.
c) De 30 días naturales.
d) Mínimo de un mes.

22. ¿Qué plazo debe transcurrir desde la presentación de la propuesta de delegación de competencias sin que el Consejo Insular adopte el acuerdo para entender la propuesta desestimada?

a) Un mes.
b) Dos meses.
c) Tres meses.
d) Seis meses.

23. ¿En qué año el Instituto de Servicios Sociales y Deportivos de Mallorca pasó a denominarse Instituto Mallorquín de Asuntos Sociales?

a) 2003.
b) 2007.
c) 2010.
d) 2012.

24. Según el artículo 1 de sus Estatutos, el Instituto Mallorquín de Asuntos Sociales es un organismo autónomo local de carácter:

a) Judicial.
b) Directivo.

c) Administrativo.
d) Sancionador.

25. Según dispone el artículo 5 de sus Estatutos, el IMAS tiene su sede en la ciudad de:

a) Palma.
b) Inca.
c) Manacor.
d) Calvià.

26. Según el artículo 30 de sus Estatutos, la duración del IMAS es de:

a) 5 años, prorrogables otros cuatro.
b) 7 años, prorrogables otros cinco.
c) 10 años, prorrogables otros cinco.
d) Indefinida.

27. ¿Cuál de los siguientes es el órgano de dirección del IMAS?

a) La Presidencia.
b) El Consejo Rector.
c) La Gerencia.
d) El Consejo Asesor.

28. Tal como señala el artículo 6 de los Estatutos del IMAS, el Consejo Asesor es un órgano:

a) De dirección.
b) De consulta y participación.
c) De gobierno.
d) Normativo.

29. ¿Cuál de los siguientes órganos del IMAS aprueba la oferta pública de ocupación?

a) La Presidencia.
b) Una de las Vicepresidencias.
c) El Consejo Rector.
d) La Gerencia.

30. ¿Quién nombra a las Vicepresidencias del IMAS?

a) La Presidencia de la Comunidad Autónoma.
b) La persona titular de la Consejería competente en materia de servicios sociales.

c) La Presidencia del Consell de Mallorca.
d) La Presidencia del IMAS.

31. Sin perjuicio de las posibles delegaciones de la Presidencia, es una función propia de las Vicepresidencias del IMAS:

a) Resolver los expedientes de responsabilidad patrimonial.
b) Aprobar las modificaciones del presupuesto que no sean competencia del Pleno.
c) Nombrar y cesar al personal funcionario de carrera.
d) Regulación y suspensión del régimen de visitas y relaciones familiares respecto a las personas menores de edad tuteladas.

32. Según el artículo 8.1 de los Estatutos del IMAS, ¿cuál es el número máximo de Vicepresidencias que se pueden nombrar?

a) 2.
b) 3.
c) 4.
d) 5.

33. ¿Cuál de las siguientes competencias de la Presidencia del IMAS no es delegable?

a) Dictar las instrucciones, circulares y órdenes de servicio en materia de personal.
b) Convocar y resolver los procedimientos ordinarios de provisión de puestos de trabajo, establecer las bases y nombrar los miembros de los órganos de valoración.
c) Resolver la adquisición y el cambio de grado personal, las situaciones administrativas y el reingreso al servicio activo.
d) Determinar los servicios o suministros que deban ser objeto de compra centralizada.

34. ¿Cuál de las siguientes competencias de la Presidencia del IMAS no es delegable?

a) Fijar los precios públicos de los servicios del Instituto Mallorquín de Asuntos Sociales establecidos por el Consell de Mallorca, salvo los que no cubren el coste del servicio.
b) Aprobar los proyectos de obras así como la contratación de toda clase de obras, servicios, suministros y otras prestaciones que no sean competencia otros órganos de contratación.
c) Ejercer el alta de inspección de todos los servicios y la vigilancia del desarrollo de su actividad.
d) Formalizar los contratos del personal de alta dirección y acordar la extinción.

35. Según el artículo 15 de los Estatutos del IMAS, el Consejo Rector está formado por un máximo de:

a) 12 miembros.
b) 15 miembros.

c) 17 miembros.
d) 20 miembros.

36. Siguiendo el artículo 9 de los Estatutos del IMAS, es cierto, en referencia al Consejo Rector, que:

a) El Gerente del IMAS es un miembro del Consejo Rector con voz y voto.
b) El cargo de consejero/a del Consejo Rector, es un cargo retribuido.
c) La Presidencia del Consejo Rector, en caso de empate durante las votaciones, tiene el voto de calidad.
d) El/la secretario/a delegado/a del IMAS, quien ejerce los funciones de Secretaría de este órgano, es un miembro sin voz ni voto en el Consejo Rector.

37. Conforme al artículo 10.1 de los Estatutos del IMAS, corresponderá al Consejo Rector el cierre definitivo de un centro de servicios sociales, como consecuencia de un procedimiento sancionador, y la imposición de una sanción económica superior a:

a) 50.000 euros.
b) 100.000 euros.
c) 200.000 euros.
d) 300.000 euros.

38. El Consejo Rector deberá reunirse, previa convocatoria de la Presidencia, por iniciativa propia o a petición de, como mínimo, una tercera parte de consejeros y consejeras, tantas veces como sea necesario para el buen funcionamiento del IMAS y, al menos:

a) Una vez al año.
b) Dos veces al año.
c) Una vez al trimestre.
d) Una vez al mes.

39. Para que puedan adoptarse acuerdos en las sesiones extraordinarias, sobre asuntos no incluidos previamente en el orden del día de la sesión, es necesario que:

a) Los asuntos tengan carácter urgente.
b) Estén presentes la mayoría de los miembros del Consejo.
c) Se acuerde así por todos los presentes.
d) Todas las anteriores son correctas.

40. Según el artículo 12 de los Estatutos del IMAS, el director gerente o la directora gerente tiene la consideración de personal directivo y queda equiparado a todos los efectos al cargo de:

a) Director General.
b) Subdirector General.

c) Secretario Técnico.
d) Viceconsejero.

41. El Gerente del IMAS podrá reconocer obligaciones por importe inferior a (a partir de):

a) 50.000 euros.
b) 100.000 euros.
c) 200.000 euros.
d) 300.000 euros.

42. NO es una función del director gerente/directora gerente del IMAS:

a) Conceder los permisos, las licencias, las reducciones de jornada y vacaciones del personal.
b) Resolver las solicitudes de reconocimiento de compatibilidad del personal.
c) Declaración de la aptitud o no aptitud para la acogida familiar de las personas que se ofrecen como acogedoras.
d) Presidir las mesas de contratación.

43. ¿Cuántos vocales hay en el Consejo Asesor de Servicios Sociales del IMAS en representación de las entidades más representativas del ámbito de los servicios sociales con más implantación en la isla de Mallorca?

a) Uno.
b) Dos.
c) Tres.
d) Cuatro.

44. El Consejo Asesor de Servicios Sociales se reunirá, como mínimo:

a) Una vez al año.
b) Dos veces al año.
c) Una vez al trimestre.
d) Una vez al mes.

45. Según el artículo 14 de los Estatutos, las unidades funcionales que determine la Presidencia dispondrán de autonomía para la gestión de los recursos económicos que le asignen los presupuestos anuales en relación con la contratación del personal asistencial para suplir las ausencias de duración igual o inferior a:

a) 3 días.
b) 7 días.
c) 15 días.
d) Un mes.

46. Según el artículo 2 del IMAS, constituye el objeto fundamental del IMAS el ejercicio de las competencias atribuidas por cualquier título al Consell de Mallorca en materia de servicios sociales y protección de menores, de manera:

a) Directa y centralizada.
b) Directa y descentralizada.
c) Indirecta y centralizada.
d) Indirecta y descentralizada.

Solución al test n.º 3

1. b) Son las instituciones de gobierno de cada una de las islas y ejercen el gobierno, la administración y la representación de las islas de Mallorca, Menorca, Ibiza y Formentera, así como de las islas menores adyacentes.

2. c) Son entidades locales dotadas de personalidad jurídica propia.

3. a) Cuatro años.

4. b) Si lo prevé el reglamento orgánico.

5. c) Cada Consejo Insular, de acuerdo con su reglamento orgánico, puede crear otros órganos complementarios, regular su estructura y su funcionamiento, y descentralizar en ellos las competencias atribuidas a los órganos de gobierno y a los órganos superiores de administración, incluido el pleno, con los límites previstos legalmente.

6. b) Los directores insulares.

7. d) Todas son correctas.

8. c) En todos, salvo en los supuestos que prevé la Ley 4/2022 y la legislación electoral.

9. c) Es un órgano directivo.

10. d) Dictar los decretos de creación y extinción de los departamentos insulares en el marco del reglamento orgánico, de acuerdo con el artículo 31 de esta ley 4/2022.

11. d) Todas son correctas.

12. a) Es una competencia propia de los Consejos Insulares.

13. d) Son correctas a) y c).

14. b) Al Consejo Ejecutivo.

15. b) Es un ente público de carácter estatutario.

16. b) El acuerdo exige mayoría absoluta del Pleno.

17. c) Lealtad institucional.

18. c) La prestación de servicios públicos de carácter supramunicipal.

19. c) En los municipios con población inferior a 20.000 habitantes.

20. b) Cuando se den razones de eficacia y eficiencia debidamente justificadas.

21. d) Mínimo de un mes.

22. c) Tres meses.

23. b) 2007.

24. c) Administrativo.

25. a) Palma.

26. d) Indefinida.

27. c) La Gerencia.

28. b) De consulta y participación.

29. a) La Presidencia.

30. c) La Presidencia del Consell de Mallorca.

31. d) Regulación y suspensión del régimen de visitas y relaciones familiares respecto a las personas menores de edad tuteladas.

32. a) 2.

33. b) Convocar y resolver los procedimientos ordinarios de provisión de puestos de trabajo, establecer las bases y nombrar los miembros de los órganos de valoración.

34. d) Formalizar los contratos del personal de alta dirección y acordar la extinción.

35. b) 15 miembros.

36. c) La Presidencia del Consejo Rector, en caso de empate durante las votaciones, tiene el voto de calidad.

37. d) 300.000 euros.

38. b) Dos veces al año.

39. a) Los asuntos tengan carácter urgente.

40. c) Secretario Técnico.

41. a) 50.000 euros.

42. c) Declaración de la aptitud o no aptitud para la acogida familiar de las personas que se ofrecen como acogedoras.

43. d) Cuatro.

44. a) Una vez al año.

45. a) 3 días.

46. b) Directa y descentralizada.

TEST N.º 4

La Ley de Procedimiento Administrativo Común de las Administraciones Públicas: objeto y ámbito de aplicación. Los derechos de las personas en sus relaciones con las Administraciones Públicas. Las personas interesadas en el procedimiento: capacidad de obrar, concepto de interesado y representación

1. En materia de representación, la LPACAP incluye nuevos medios para acreditarla en el ámbito exclusivo de las Administraciones Públicas, como son, entre otros:

a) El apoderamiento notarial de forma electrónica.
b) El apoderamiento *apud acta*, presencial o electrónico.
c) El apoderamiento *anod actus*, presencial o electrónico.
d) El apoderamiento *acta omnis*, presencial.

2. La LPACAP establece, con carácter general, la obligación de las Administraciones Públicas de:

a) No admitir que el interesado pueda presentar con carácter general copias de documentos en soporte papel.
b) No admitir que el interesado pueda presentar con carácter general copias de documentos que hayan sido digitalizadas.
c) Requerir documentos ya aportados por los interesados, elaborados por las Administraciones Públicas o documentos originales.
d) No requerir documentos ya aportados por los interesados, elaborados por las Administraciones Públicas o documentos originales.

3. La edad mínima para entablar por sí solo relaciones con la Administración Pública es de:

a) Dieciocho años.
b) Depende de los casos.
c) Veintiún años la mujer casada.
d) Dieciséis años.

4. La falta o insuficiente acreditación de la representación no impedirá que se tenga por realizado el acto de que se trate, siempre que se aporte aquella o se subsane el defecto dentro del plazo que deberá conceder al efecto el órgano administrativo, de:

a) Un mes, o de un plazo superior cuando las circunstancias del caso así lo requieran.
b) Veinte días, o de un plazo superior cuando las circunstancias del caso así lo requieran.
c) Quince días, o de un plazo superior cuando las circunstancias del caso así lo requieran.
d) Diez días, o de un plazo superior cuando las circunstancias del caso así lo requieran.

5. Los poderes inscritos en el registro electrónico de apoderamiento tendrán una validez determinada máxima de:

a) Diez años a contar desde la fecha de inscripción.
b) Cinco años a contar desde la fecha de inscripción.
c) Tres años a contar desde la fecha de inscripción.
d) Dos años a contar desde la fecha de inscripción.

6. Señala la respuesta incorrecta respecto a los interesados:

a) Se consideran interesados en el procedimiento administrativo los que, sin haber iniciado el procedimiento, tengan derechos que puedan resultar afectados por la decisión que en el mismo se adopte.
b) Cuando en una solicitud, escrito o comunicación figuren varios interesados, las actuaciones a que den lugar se efectuarán con el representante o el interesado que expresamente hayan señalado, y, en su defecto, con cualquiera de los demás.
c) Cuando la condición de interesado derivase de alguna relación jurídica transmisible, el derecho-habiente sucederá en tal condición cualquiera que sea el estado del procedimiento.
d) La presentación de una denuncia y la comparecencia en el trámite de información pública, respectivamente, no confieren u otorgan, por sí solas, la condición de interesado en el procedimiento.

7. En Derecho Administrativo, a diferencia del Derecho Privado, se puede reconocer a los menores de edad:

a) Capacidad jurídica.
b) Capacidad de obrar.
c) Ambas capacidades.
d) Ninguna de ellas.

8. Señala la respuesta incorrecta. Las Administraciones Públicas solo requerirán a los interesados el uso obligatorio de firma para:

a) Presentar declaraciones responsables o comunicaciones.
b) Adquirir derechos.

c) Interponer recursos.
d) Formular solicitudes.

9. Si durante la instrucción de un procedimiento, se advierte la existencia de personas que sean titulares de derechos o intereses legítimos y directos cuya identificación resulte del expediente y que puedan resultar afectados por la resolución que se dicte:

a) Se comunicará a dichas personas la tramitación del procedimiento cuando así lo solicite el interesado que inició el procedimiento.
b) Se publicará por edictos.
c) Se comunicará a dichas personas la tramitación del procedimiento cuando este no haya tenido publicidad.
d) No se comunicará, salvo que se presenten en forma legal en el procedimiento.

10. Con carácter general, para realizar cualquier actuación prevista en el procedimiento administrativo, será suficiente con que los interesados acrediten previamente su identidad a través de cualquiera de los medios de identificación previstos en la Ley 39/2015, de 1 de octubre. Las Administraciones Públicas NO requerirán a los interesados el uso obligatorio de firma para:

a) Identificar a las autoridades y al personal al servicio de las Administraciones Públicas bajo cuya responsabilidad se tramiten los procedimientos.
b) Desistir de acciones.
c) Presentar declaraciones responsables o comunicaciones.
d) Formular solicitudes.

11. En relación con la asistencia en el uso de medios electrónicos a los interesados, el art. 12.2 de la Ley 39/2015, de 1 de octubre, dispone que las Administraciones Públicas asistirán en el uso de medios electrónicos:

a) A quienes ejerzan una actividad profesional para la que se requiera colegiación obligatoria, para los trámites y actuaciones que realicen con las Administraciones Públicas en ejercicio de dicha actividad profesional.
b) A ciertos colectivos de personas físicas que por razón de su capacidad económica, técnica, dedicación profesional u otros motivos quede acreditado que tienen acceso y disponibilidad de los medios electrónicos necesarios.
c) A los empleados de las Administraciones Públicas para los trámites y actuaciones que realicen con ellas por razón de su condición de empleado público.
d) A los interesados no incluidos en los apartados 2 y 3 del artículo 14 de la Ley 39/2015, de 1 de octubre, que así lo soliciten, especialmente en lo referente a la identificación y firma electrónica, presentación de solicitudes a través del registro electrónico general y obtención de copias auténticas.

12. Si algunos de los interesados no dispone de los medios electrónicos necesarios, su identificación o firma electrónica en el procedimiento administrativo podrá ser válidamente realizada por un funcionario público mediante el uso del sistema de firma electrónica del que esté dotado para ello. En este caso:

a) Será necesario que el interesado que carezca de los medios electrónicos necesarios se identifique ante el funcionario.

b) Será necesario que el interesado que carezca de los medios electrónicos necesarios se identifique ante el funcionario y preste su consentimiento expreso para esta actuación.

c) Será necesario que el interesado que carezca de los medios electrónicos necesarios se identifique ante el funcionario y preste su consentimiento expreso para esta actuación, de lo que deberá quedar constancia para los casos de discrepancia.

d) Será necesario que el interesado que carezca de los medios electrónicos necesarios se identifique ante el funcionario y preste su consentimiento expreso para esta actuación, de lo que deberá quedar constancia para los casos de discrepancia o litigio.

Solución al test n.º 4

1. b) El apoderamiento *apud acta*, presencial o electrónico.

2. d) No requerir documentos ya aportados por los interesados, elaborados por las Administraciones Públicas o documentos originales.

3. b) Depende de los casos.

4. d) Diez días, o de un plazo superior cuando las circunstancias del caso así lo requieran.

5. b) Cinco años a contar desde la fecha de inscripción.

6. b) Cuando en una solicitud, escrito o comunicación figuren varios interesados, las actuaciones a que den lugar se efectuarán con el representante o el interesado que expresamente hayan señalado, y, en su defecto, con cualquiera de los demás.

7. b) Capacidad de obrar.

8. b) Adquirir derechos.

9. c) Se comunicará a dichas personas la tramitación del procedimiento cuando este no haya tenido publicidad.

10. a) Identificar a las autoridades y al personal al servicio de las Administraciones Públicas bajo cuya responsabilidad se tramiten los procedimientos.

11. d) A los interesados no incluidos en los apartados 2 y 3 del artículo 14 de la Ley 39/2015, de 1 de octubre, que así lo soliciten, especialmente en lo referente a la identificación y firma electrónica, presentación de solicitudes a través del registro electrónico general y obtención de copias auténticas.

12. d) Será necesario que el interesado que carezca de los medios electrónicos necesarios se identifique ante el funcionario y preste su consentimiento expreso para esta actuación, de lo que deberá quedar constancia para los casos de discrepancia o litigio.

PARTE ESPECÍFICA

TEST N.º 1

**Organización del trabajo de limpieza en centros públicos.
Organización y distribución de las tareas en función del tiempo.
Priorización de tareas frente a las urgencias**

1. ¿Qué frecuencia se asigna a la limpieza de superficies de contacto frecuente, como manillas o interruptores?

a) Anual.
b) Semanal.
c) Mensual.
d) Diaria.

2. ¿En qué momento del día se recomienda realizar la limpieza inicial de áreas comunes?

a) Mediodía.
b) Al final de la jornada.
c) Por la mañana.
d) Fuera del horario regular.

3. ¿Cuál de las siguientes tareas se clasifica como limpieza mensual?

a) Limpieza de baños.
b) Mantenimiento de sistemas de ventilación.
c) Barrido de suelos.
d) Vaciado de papeleras.

4. ¿Qué se sugiere para optimizar la limpieza semanal de grandes áreas?

a) Dividir las tareas entre todo el personal disponible.
b) Realizar toda la limpieza durante horarios de alta afluencia.
c) Dividir las áreas en sectores para cubrirlas semanalmente.
d) Utilizar maquinaria pesada en todas las áreas.

5. ¿Qué frecuencia se asigna típicamente a la limpieza de cristaleras exteriores de un edificio?

a) Diaria.
b) Semanal.
c) Anual.
d) Mensual.

6. ¿Qué tareas se incluyen dentro de la limpieza semanal?

a) Limpieza y desinfección de baños.
b) Reposición de productos de higiene.
c) Desempolvado de superficies altas, como lámparas y estanterías.
d) Barrido de pasillos.

7. ¿Cuándo es ideal realizar tareas como el pulido de suelos o limpieza de alfombras?

a) Por la mañana, antes de iniciar las actividades.
b) Fuera del horario laboral.
c) Durante el mediodía.
d) A mitad de semana, en horarios regulares.

8. ¿Qué frecuencia de limpieza incluye la reposición de productos de higiene como jabón y toallas de papel?

a) Semanal.
b) Diaria.
c) Mensual.
d) Periódica.

9. ¿Cuál de las siguientes tareas corresponde a la limpieza anual o periódica?

a) Limpieza y desinfección de baños.
b) Limpieza profunda de suelos.
c) Limpieza de ventanas interiores.
d) Limpieza exterior de edificios y fachadas.

10. ¿Qué criterio se considera más relevante al priorizar tareas frente a urgencias de limpieza?

a) Visibilidad de la suciedad.
b) Disponibilidad de personal.
c) Impacto sobre la salud y la seguridad.
d) Nivel de ruido generado por la limpieza.

11. ¿Qué tarea se clasifica como de alta prioridad en limpieza urgente?

a) Eliminación de polvo en estanterías.
b) Limpieza de pasillos tras un derrame de café.
c) Reposición de suministros en estaciones de desinfección.
d) Derrames de fluidos corporales en áreas críticas.

12. ¿Qué acción se realiza primero en un plan de acción frente a urgencias de limpieza?

a) Intervención rápida.
b) Notificación al personal responsable.
c) Evaluación inicial del incidente.
d) Eliminación de residuos.

13. ¿Qué tarea semanal se realiza en superficies altas como estanterías o lámparas?

a) Limpieza y desinfección húmeda.
b) Eliminación de residuos sólidos.
c) Abrillantado con maquinaria pesada.
d) Desempolvado.

14. ¿Qué tipo de contaminación tiene la prioridad más alta en tareas urgentes de limpieza?

a) Biológica o infecciosa.
b) Polvo o partículas no críticas.
c) Residuos sólidos comunes.
d) Basura orgánica regular.

15. ¿Qué frecuencia de limpieza se asigna típicamente al mantenimiento de sistemas de ventilación?

a) Diaria.
b) Semanal.
c) Mensual.
d) Anual.

16. ¿Qué tarea tiene prioridad media dentro de las urgencias de limpieza?

a) Reposición de suministros en baños.
b) Eliminación de polvo en estanterías.
c) Derrames químicos peligrosos.
d) Limpieza exterior de fachadas.

17. ¿Cómo se recomienda asignar tareas en limpiezas semanales de grandes áreas?

a) Realizar todas las tareas el mismo día.
b) Dividir las áreas en sectores semanales.
c) Delegar las tareas a un único responsable.
d) Realizar las tareas solo en horarios laborales.

18. ¿Qué tipo de ventilación es preferible para prevenir la transmisión de CO-VID-19 en espacios interiores?

a) Ventilación forzada con recirculación de aire.
b) Ventilación mecánica centralizada.
c) Ventilación natural cruzada.
d) Uso exclusivo de filtros HEPA.

19. ¿Qué tiempo se recomienda ventilar un aula de centro universitario entre clases para reducir el riesgo de contagio siempre que sea posible?

a) 10-15 minutos.
b) Más de 1 hora.
c) 5-10 minutos.
d) 2-5 minutos.

20. ¿Qué desinfectante debe utilizarse para limpiar superficies tras derrames de sangre o líquidos corporales en entornos sanitarios?

a) Etanol al 90 %.
b) Hipoclorito al 0,5 %.
c) Peróxido de hidrógeno al 0,1 %.
d) Amonio cuaternario.

21. ¿Qué elementos deben limpiarse con especial frecuencia en los centros educativos?

a) Alfombras y tapetes.
b) Techos y lámparas.
c) Papeleras con tapa.
d) Superficies de contacto frecuente como pomos y mesas.

22. ¿Cuál es el EPP mínimo recomendado para preparar desinfectantes en lugares no médicos?

a) Guantes de goma, delantal impermeable y zapatos cerrados.
b) Uniforme de manga larga, gafas y botas.

c) Mascarilla N95 y protección ocular.
d) Bata impermeable y guantes desechables.

23. ¿Qué se recomienda para desinfectar alfombras y cortinas en entornos comunitarios?

a) Pulverizar con desinfectantes a base de alcohol.
b) Utilizar productos químicos fuertes.
c) Lavar con agua caliente y secar completamente.
d) Fumigar con hipoclorito.

24. ¿Cuál es la concentración de etanol recomendada para la desinfección de superficies contra el COVID-19?

a) 50-60 %.
b) 70-90 %.
c) 95 %.
d) 100 %.

25. ¿Qué procedimiento debe realizarse tras la limpieza de un teclado de uso compartido en centros educativos?

a) Desinfectar con un producto virucida autorizado.
b) Pulverizar con agua y jabón.
c) Aspirar con un filtro HEPA.
d) Lavar con lejía diluida.

26. ¿Qué medida debe adoptarse antes de limpiar áreas ocupadas por personas con COVID-19 confirmado?

a) Utilizar detergentes comunes.
b) Fumigar el espacio.
c) Esperar varias horas y ventilar el área.
d) Realizar la limpieza inmediatamente.

27. ¿Qué principio debe seguirse para limpiar superficies en centros sanitarios?

a) Limpiar de abajo hacia arriba.
b) Usar siempre el mismo paño en toda la habitación.
c) Proceder de la parte menos sucia a la más sucia.
d) Desinfectar antes de limpiar.

28. Las manos deberán lavarse:

a) Antes de utilizar el W.C.
b) Antes de cambiarse de ropa y de empezar a trabajar.

c) Antes y después de comer.

d) Al finalizar la jornada.

29. Señala la respuesta incorrecta respecto a la vestimenta y aseo personal del personal de limpieza:

a) El uniforme deberá estar siempre limpio, planchado y sin roturas.

b) El aseo personal diario será condición indispensable para la continuidad en el puesto de trabajo.

c) El pelo deberá llevarse limpio, y si se tiene largo, se llevará suelto.

d) El personal de limpieza deberá ajustarse a la Normativa de uniformidad que designe la Empresa para la que trabaja.

30. Señala una de las ventajas del sistema de limpieza por tareas:

a) Eliminación de contactos entre el personal durante las horas de trabajo.

b) Posibilidad de controlar y confrontar en cualquier momento el rendimiento y el resultado obtenido.

c) La adquisición de máquinas, equipos y materiales se limitará al mínimo indispensable.

d) Posibilidad de señalar inmediatamente y con seguridad la causa de un resultado negativo.

Solución al test n.º 1

1. d) Diaria.

2. c) Por la mañana.

3. b) Mantenimiento de sistemas de ventilación.

4. c) Dividir las áreas en sectores para cubrirlas semanalmente.

5. c) Anual.

6. c) Desempolvado de superficies altas, como lámparas y estanterías.

7. b) Fuera del horario laboral.

8. b) Diaria.

9. d) Limpieza exterior de edificios y fachadas.

10. c) Impacto sobre la salud y la seguridad.

11. d) Derrames de fluidos corporales en áreas críticas.

12. c) Evaluación inicial del incidente.

13. d) Desempolvado.

14. a) Biológica o infecciosa.

15. c) Mensual.

16. a) Reposición de suministros en baños.

17. b) Dividir las áreas en sectores semanales.

18. c) Ventilación natural cruzada.

19. a) 10-15 minutos.

20. b) Hipoclorito al 0,5 %.

21. d) Superficies de contacto frecuente como pomos y mesas.

22. a) Guantes de goma, delantal impermeable y zapatos cerrados.

23. c) Lavar con agua caliente y secar completamente.

24. b) 70-90 %.

25. a) Desinfectar con un producto virucida autorizado.

26. c) Esperar varias horas y ventilar el área.

27. c) Proceder de la parte menos sucia a la más sucia.

28. d) Al finalizar la jornada.

29. c) El pelo deberá llevarse limpio, y si se tiene largo, se llevará suelto.

30. c) La adquisición de máquinas, equipos y materiales se limitará al mínimo indispensable.

Concepto de limpieza y desinfección de espacios. Elección de útiles, productos y técnicas de limpieza en función de los tipos de superficies y de suciedad. Resolución de cuestiones prácticas relacionadas con la desinfección frente a los ácaros, parásitos, bacterias, virus y hongos

1. Señala cuál de las siguientes no es una norma general de limpieza:

a) Los detergentes o desinfectantes utilizados, se adecuaran siempre al objeto especifico de las tareas a realizar, y se ajustaran siempre a la norma establecida en función del objeto para lo que están destinados.

b) El carro siempre estará a la vista del trabajador, dependiendo siempre de este su custodia.

c) Primero se barrerá y posteriormente se utilizará el cepillo cubierto con paño para quitar el polvo antes de fregar.

d) Se emplearan materiales diferentes según sea el local a limpiar.

2. Las bayetas serán de distinto color según su utilización. Según el código utilizado por la OMS, ¿qué color corresponde a los aseos y baños?

a) Verde.
b) Azul.
c) Negro.
d) Rojo.

3. Las bayetas serán de distinto color según su utilización. Según el código utilizado por la OMS, ¿qué color corresponde a las cocinas, comedores y áreas donde se manipulen alimentos?

a) Verde.
b) Azul.
c) Negro.
d) Rojo.

4. ¿Cuánto tiempo puede permanecer en el aire el llamado micropolvo, sometido a una ligera corriente, ya que no se deposita en ningún sitio?

a) Hasta siete horas.
b) Hasta seis horas.
c) Hasta tres horas.
d) Hasta dos horas.

5. El origen del polvo puede ser:

a) Mineral.
b) Vegetal.
c) Químico.
d) Todas las respuestas son correctas.

6. ¿Cómo podemos eliminar la suciedad grasa, que es aquella provocada por aceites, grasas, etc.?

a) Mediante sustancias químicas (detergentes alcalinos) o mecánicamente con el empleo de fregadoras y detergentes solventes.
b) Mediante un fregado con mopa y detergente ligeramente alcalino.
c) Mediante un barrido húmedo y la aspiración con filtro absoluto.
d) Mediante un fregado con mopa y detergente neutro.

7. ¿Cómo se denomina la serie de procedimientos o actuaciones dirigidas a impedir la llegada de los microorganismos patógenos a un medio aséptico (libre de microorganismos patógenos)?

a) Antisepsia.
b) Esterilización.
c) Asepsia.
d) Desinfección.

8. La capacidad de romper una suciedad compacta y reducirla a finas partículas, se denomina:

a) Dispersión.
b) Poder humectante.
c) Asepsia.
d) Suspensión.

9. ¿Qué nombre reciben los complementarios de un detergente o de un limpiador, que aportan propiedades particulares a las de los componentes fundamentales en la acción específica de la limpieza?

a) Aditivos.
b) Cargas.

c) Reforzantes.

d) Coadyuvantes.

10. ¿Cómo se denomina la superficie o lugar donde se eliminan fluidos corpora-les, que sirve de depósito y lugar para lavar y descontaminar elementos utilizados con los pacientes?

a) Área aséptica.

b) Área negra.

c) Área sucia.

d) Área de infección.

11. ¿Qué porcentaje del polvo está producido por las chimeneas de fábricas?

a) El 60 %.

b) El 50 %.

c) El 30 %.

d) El 20 %.

12. El tiempo que un EPI debe ser utilizado se determinará en función de:

a) Las condiciones del puesto de trabajo.

b) El tiempo o frecuencia de exposición al riesgo.

c) La gravedad del riesgo.

d) Todas las respuestas son correctas.

13. ¿Qué nombre reciben los agentes que causan la infección en los tejidos vivos?

a) Bacterias.

b) Patógenos.

c) Virus.

d) Gérmenes.

14. ¿Cómo se denomina la superficie o lugar donde se trabaja con elementos limpios o estériles?

a) Área verde.

b) Área limpia.

c) Área libre de infección.

d) Área azul.

15. Las infecciones se clasifican según su origen en:

a) Comunitarias o extrahospitalarias y nosocomiales o intrahospitalarias.

b) Internas y externas.

c) Urbanas y extraurbanas.
d) Sanitarias y no sanitarias.

16. Las infecciones se clasifican según su causa en:

a) Víricas y no víricas.
b) Inmunológicas y no inmunológicas.
c) Infecciosas y no infecciosas.
d) Bacterianas y no bacterianas.

17. ¿Cómo se llama la capacidad de emulsionar la suciedad para que no se vuelva a formar adhiriéndose de nuevo a la superficie a limpiar?

a) Dispersión.
b) Poder humectante.
c) Suspensión.
d) Asepsia.

18. ¿Cómo se denomina el proceso capaz de eliminar prácticamente todos los microorganismos patógenos conocidos, pero no todas las formas de vida bacterianas (endosporas), sobre objetos inanimados?

a) Desinfección.
b) Antisepsia.
c) Esterilización.
d) Detergencia.

19. ¿Cómo se llaman los componentes complementarios que mejoran ciertas propiedades características de los componentes fundamentales?

a) Coadyuvantes.
b) Reforzantes.
c) Aditivos.
d) Cargas.

20. Señala la respuesta incorrecta:

a) La desinfección de las superficies es la eliminación de los microorganismos patógenos, o su reducción hasta niveles que no conlleven riesgo para la salud.
b) Las paredes se limpiarán desde arriba hacia abajo, para eliminar por arrastre la suciedad y los microorganismos que pudiera haber.
c) La limpieza de las paredes se hará de forma horizontal, empezando por la parte más alta y luego descendiendo.
d) La limpieza de paredes y techos se realizará periódicamente y se utilizará detergente desengrasante.

21. La sustancia química de aplicación tópica sobre los tejidos vivos (piel intacta, mucosas, heridas, etc.), que destruye o inhibe los microorganismos sin afectar sensiblemente a los tejidos sobre los que se aplica, se denomina:

a) Detergente.
b) Antiséptico.
c) Esterilizador.
d) Desinfectante.

22. Los objetos inanimados que contienen partículas contaminadas y que se sitúan en el entorno del paciente, se denominan:

a) Bacterias.
b) Fómites.
c) Agentes patógenos.
d) Virus.

23. ¿Qué haremos para eliminar la suciedad no grasa, es decir, la que se adhiere tanto a las superficies horizontales como verticales y contiene poca o ninguna materia grasa?

a) Un barrido húmedo y la aspiración con filtro absoluto.
b) Un fregado con mopa y detergente neutro.
c) Un fregado con mopa y detergente neutro o ligeramente alcalino.
d) Utilizar sustancias químicas (detergentes alcalinos) o mecánicamente con el empleo de fregadoras y detergentes solventes.

24. Las bayetas serán de distinto color según su utilización. Según el código utilizado por la OMS, ¿qué color corresponde a las áreas generales?

a) Verde.
b) Azul.
c) Amarillo.
d) Rojo.

25. Señala la respuesta incorrecta:

a) El personal de limpieza realizara su trabajo con guantes de protección, que pueden ser material fungible, o se pueden limpiar dependiendo del material.
b) Colocaremos en el carro antes de empezar la tarea, todo el material que necesitemos, incluidas las bolsas de basura.
c) El agua no se utiliza sola.
d) La limpieza la realizaremos siempre de las zonas más sucias a las más limpias.

26. Los cuartos de almacenamiento se mantendrán siempre limpios y al menos se efectuará su limpieza:

a) Una vez al mes.
b) Semanalmente.

c) Cada dos o tres días.

d) Una vez por turno.

27. Señala la respuesta incorrecta respecto a la limpieza:

a) Las bolsas de basura se cerraran previamente antes de ser retiradas.

b) Las soluciones se preparan con suficiente antelación a su utilización, para que sean estables y evitar alteraciones.

c) Cuando se deba cambiar de tarea o se tenga tiempo de descanso, el carro se llevara al almacén, nunca se dejara sin custodia.

d) Después de utilizar el material se llevara a cabo el proceso necesario que lleve a cabo la desinfección del mismo.

28. ¿Qué porcentaje del polvo está producido por los automóviles?

a) El 60 %.

b) El 50 %.

c) El 30 %.

d) El 20 %.

29. Indica uno de los objetivos que debe perseguir la limpieza:

a) Respetar la estética.

b) Contribuir a la seguridad, evitando los accidentes y la transmisión de enfermedades.

c) Mantener las condiciones higiénicas en los centros de trabajo.

d) Todas las respuestas son correctas.

30. Señala cuál de las siguientes no es una de las características de las superficies ideales para su buena limpieza:

a) Han de ser porosas.

b) Deben ser lavables.

c) Han de ser resistentes.

d) Han de ser lisas.

31. Para llegar a la limpieza perfecta y de forma eficaz debemos tener en cuenta los 4 elementos que se combinan entre sí y que conforman el Círculo de:

a) Holter.

b) Mersson.

c) Sroeder.

d) Sinner.

32. ¿Cómo se denomina al conjunto de acciones emprendidas con el fin de eliminar los microorganismos patógenos presentes en un medio, o inhibir su proliferación?

a) Desinfección.

b) Antisepsia.

c) Esterilización.
d) Asepsia.

33. ¿Qué nombre reciben los productos utilizados para lograr el tipo de presentación y concentración deseadas de un detergente o un limpiador?

a) Cargas.
b) Coadyuvantes.
c) Aditivos.
d) Reforzantes.

34. Señala la respuesta incorrecta:

a) La infección es la invasión y multiplicación de microorganismos en los tejidos vivos.
b) La flora residente es la colonización normal de microorganismos que viven en la superficie corporal (piel), así como en las cavidades y órganos huecos y es fácil de eliminar.
c) La flora transitoria son los microorganismos que se adquieren durante las actividades normales de la vida cotidiana.
d) El poder humectante técnicamente es la capacidad de romper la tensión superficial del agua para que reduzca la tensión de contacto y penetre mejor.

35. ¿Qué nombre reciben los componentes complementarios de un detergente o de un limpiador que aportan propiedades adicionales a la acción específica de la limpieza?

a) Reforzantes.
b) Cargas.
c) Coadyuvantes.
d) Aditivos.

36. La transmisión de microorganismos patógenos de paciente a paciente o de objetos contaminados a pacientes con la participación de los miembros del equipo de salud, se denomina:

a) Transmisión doble.
b) Transmisión cruzada.
c) Transmisión mixta.
d) Transmisión dúplex.

37. Señala cuál de las siguientes es una mancha especial, entendiendo por tales aquellas producidas por elementos o sustancias que requieren productos también especiales para su eliminación:

a) Las manchas de pintura.
b) El cemento.

c) Las manchas negras producidas por la anilina.
d) Todas las respuestas son correctas.

38. ¿Cómo se define el proceso mediante el cual se destruyen todos los microorganismos viables presentes en un objeto o superficie incluidas las esporas bacterianas?

a) Desinfección.
b) Antisepsia.
c) Esterilización.
d) Asepsia.

39. Con carácter general, el polvo de origen químico está producido, en su mayoría por:

a) Los automóviles.
b) Los humos de calefacción doméstica.
c) Las chimeneas de fábricas.
d) Los medios de transporte.

40. ¿Cuál es el desinfectante de alto nivel para equipo médico como endoscopios, tubos de espirómetro, dializadores, transductores, equipos de terapia respiratoria y de anestesia?

a) La lejía.
b) El formaldehído.
c) El glioxal.
d) El glutaraldehído.

41. ¿Qué tipo de detergentes compatibles con la lejía, tienen gran poder emulsionante y una capacidad antiséptica baja ya que no produce selección de gérmenes?

a) Los detergentes no iónicos.
b) Los detergentes anfóteros.
c) Los detergentes aniónicos.
d) Los detergentes catiónicos.

42. ¿Qué tipo de detergentes actúan como catiónicos o aniónicos dependiendo del medio en el que se encuentren, son compatibles con el resto de tensioactivos, con la piel y mucosas y tienen baja sensibilidad a las aguas duras?

a) Los detergentes no iónicos.
b) Los detergentes anfóteros.
c) Los detergentes aniónicos.
d) Los detergentes catiónicos.

43. Señala la respuesta incorrecta respecto a los detergentes alcalinos o básicos:

a) Son productos de gran eficacia, pero de elevado poder corrosivo.
b) Son productos de gran eficacia en los procesos de limpieza de la suciedad en general.
c) Son los más indicados para manchas proteicas y también para manchas de grasa.
d) Son aquellos cuyo pH supera el valor de 9.

44. Los detergentes neutros son aquellos cuyo nivel de pH:

a) Es de 5.
b) Es inferior a 5.
c) Supera el valor de 9.
d) Está comprendido entre 6 y 8.

45. Señala una de las características del desinfectante ideal:

a) Estable, tanto en la forma concentrada como en la diluida del producto.
b) Solubilidad en agua.
c) Amplio espectro (bactericida, virucida, fungicida y esporicida).
d) Todas las respuestas son correctas.

46. ¿Cómo se denomina el compuesto que reduce pero no necesariamente elimina los microorganismos desde el medioambiente inanimado y suele ser utilizado generalmente en contacto con los alimentos?

a) Desinfectante de hospital.
b) Detergente desinfectante.
c) Sanitizante.
d) Desinfectante general o de amplio espectro.

47. Señala la respuesta incorrecta respecto a la lejía:

a) Su contenido en cloro activo no será inferior a 35 g/l, ni superior a 100 g/l.
b) Es estable aunque tiene poco efecto remanente y se inactiva muy fácilmente en presencia de materia orgánica.
c) Es el derivado clorado más utilizado, pues tiene un amplio espectro antibacteriano.
d) Es de acción rápida y a la vez económica.

48. ¿Cuál es la dilución de uso de la lejía para zonas de alto riesgo?

a) 1:50 (9,8 litros de agua y 200 ml de lejía).
b) 1:10 (9 litros de agua y 1 de lejía).
c) 2:10 (8 litros de agua y 2 de lejía).
d) 5:10 (5 litros de agua y 5 de lejía).

49. Señala la respuesta incorrecta respecto a los fenoles:

a) Se utilizan en la desinfección de objetos inanimados, superficies y ambiente a la concentración del 1 al 5 %.

b) Son poco solubles en agua, pero unidos a jabones y lejías se obtienen emulsiones densas y estables.

c) De acción rápida en 10 o 15 minutos.

d) Son activos frente a hongos y bacterias Gram (+) y menos frente a las Gram (-).

50. ¿Cuál es la concentración óptima del alcohol?

a) 90 %.

b) 75 %.

c) 70 %.

d) 50 %.

51. Señala la respuesta correcta respecto al alcohol:

a) El alcohol etílico es un buen desinfectante de superficies, de acción lenta y alta potencia.

b) Su actividad depende de la concentración, situándose su máxima actividad entre 40 y 60º.

c) Los alcoholes se inactivan en presencia de materia orgánica.

d) Tiene un tiempo de acción mínimo de 5 minutos.

52. Respecto a los desinfectantes basados en oxígeno activo debemos saber que:

a) Puede utilizarse sobre acero inoxidable de baja calidad ya que no es oxidante.

b) Es recomendable para la limpieza y desinfección de todo tipo de superficies.

c) No se recomienda para incubadoras, utillaje y aparatos.

d) Solo actúan en superficies limpias.

53. Señala la respuesta incorrecta:

a) Los limpiametales se aplican sobre aquellos metales que no puedan limpiarse con solución de detergente neutro.

b) Los limpiacristales se pulverizan, se dejan secar y posteriormente se retiran con bayeta seca.

c) Los limpiamuebles pueden ser sustituidos por una bayeta humedecida en solución de detergente neutro.

d) Los limpiamuebles se deben aplicar en la bayeta inmediatamente antes de su uso y, a ser posible, sobre mobiliario no lavable.

54. ¿Qué tipo de detergentes no se disocian en el agua, por lo que carecen de carga y apenas alteran la función barrera cutánea, se emplean para regular la presencia de espuma en los tensioactivos aniónicos y son solubles en agua, funcionando bien en aguas duras?

a) Los detergentes no iónicos.
b) Los detergentes anfóteros.
c) Los detergentes catiónicos.
d) Los detergentes aniónicos.

55. ¿Cómo se denominan los detergentes cuyo nivel de pH es de 5 o inferior, son de gran eficacia, pero de elevado poder corrosivo?

a) Detergentes neutros.
b) Detergentes básicos.
c) Detergentes ácidos.
d) Detergentes alcalinos.

56. ¿Cuál de los siguientes detergentes está destinado a superficies delicadas o en tratamientos de limpieza de gran frecuencia o escasa suciedad, algo determinado por su poca agresividad?

a) Los detergentes neutros.
b) Los detergentes básicos.
c) Los detergentes ácidos.
d) Los detergentes alcalinos.

57. Señala la respuesta incorrecta respecto a los desinfectantes:

a) Son un agente químico que destruye o inhibe el crecimiento de microorganismos patógenos en fase vegetativa o no esporulada.
b) No necesariamente matan todos los organismos, pero los reducen a un nivel que no dañan la salud ni la calidad de los bienes perecederos.
c) Se aplican sobre objetos y materiales inanimados, como instrumentos y superficies, para tratar y prevenir la infección.
d) Tienen consideración de medicamentos los antisépticos para piel sana, incluidos los destinados al campo quirúrgico preoperatorio y los destinados a la desinfección del punto de inyección.

58. Señala la respuesta incorrecta respecto a la lejía:

a) La dilución se preparará días antes de su utilización para mayor eficacia y preferentemente en lugares ventilados.
b) No se mezclará con otros desinfectantes.
c) La dilución se debe hacer con agua fría.
d) Mantendremos el envase bien etiquetado, siempre cerrado y protegido de la luz.

59. ¿Qué materiales corroe la lejía?

a) El hierro.
b) El níquel.
c) El acero cromado.
d) Todas las respuestas son correctas.

60. ¿Cuál es el desinfectante de elección en instrumentos reutilizables para hemodiálisis?

a) La lejía.
b) El formaldehído.
c) El glioxal.
d) El glutaraldehído.

61. ¿Con qué letra se denominan las indicaciones de peligro de las etiquetas de los productos?

a) P.
b) R.
c) H.
d) S.

62. ¿Cómo se denomina el documento elaborado por el fabricante de una sustancia o mezcla química en la que se ofrece abundante información sobre sus riesgos?

a) Ficha de datos de seguridad.
b) Etiqueta.
c) envase.
d) Prospecto.

63. ¿Qué datos contendrá la FDS sobre la manipulación y almacenamiento del producto?

a) Precauciones para una manipulación segura.
b) Condiciones de almacenamiento seguro, incluidas posibles incompatibilidades.
c) Usos específicos finales.
d) Todas las respuestas son correctas.

64. ¿Qué tipo de peligro tienen las sustancias comburentes?

a) Físicos.
b) Químicos.
c) Para la salud.
d) Para el medio ambiente.

65. Cuando una sustancia o mezcla inducen cáncer o aumentan su incidencia, ¿cómo se denomina?

a) Mutagénica.
b) Carcinogénica.
c) Pirogénica.
d) Tóxica.

66. Si en la etiqueta de un producto aparece el siguiente símbolo significa qué es:

a) Peligroso para el medio ambiente.
b) Nocivo.
c) Biodegradable.
d) Tóxico.

67. Los pictogramas de peligro son composiciones gráficas que contienen:

a) Un símbolo rojo sobre un fondo negro, con un marco naranja lo suficientemente ancho para ser claramente visible.
b) Un símbolo blanco sobre un fondo negro, con un marco rojo lo suficientemente ancho para ser claramente visible.
c) Un símbolo rojo sobre un fondo blanco, con un marco naranja lo suficientemente ancho para ser claramente visible.
d) Un símbolo negro sobre un fondo blanco, con un marco rojo lo suficientemente ancho para ser claramente visible.

68. Las indicaciones de peligro, llamadas H, se agrupan en:

a) Peligros para la salud humana.
b) Peligros físicos.
c) Peligros para el medio ambiente.
d) Todas las respuestas son correctas.

69. El documento que elabora el fabricante de una sustancia o mezcla química para informar de sus riesgos se llama:

a) Libro Técnico de Riesgos.
b) Ficha de Datos de Seguridad.
c) Libro de Instrucciones.
d) Nota Técnica de Prevención.

70. Los envases en que se presentan para la venta los productos de limpieza han de cumplir ciertos requisitos. ¿Cuál de los siguientes es falso?

a) Los materiales que constituyen los envases y sus cierres han de ser fácilmente solubles en el contenido para no entrar en reacción con él.
b) Los envases y sus cierres estará diseñados y fabricados de manera que sean estancos, fuertes y sólidos.

c) Los envases de los productos con un sistema de cierre reutilizable dispondrán de un cierre de características y diseños tales que una vez abiertos puedan ser nuevamente cerrados sin perder su carácter estanco.

d) La válvula de los productos envasados en aerosoles deberá permitir el cierre prácticamente hermético del generador de aerosol y estar protegida contra toda abertura involuntaria.

71. El Reglamento CLP establece tres tipos de peligros que pueden representar las sustancias o sus mezclas; señala la incorrecta:

a) Peligros para el medio ambiente.
b) Peligros físicos.
c) Peligros para la salud.
d) Peligros contagiables.

72. Según el Reglamento CLP, ¿en cuántas clases se agrupan los peligros relacionados con las propiedades fisicoquímicas de los productos?

a) En 2 clases.
b) En 6 clases.
c) En 10 clases.
d) En 16 clases.

73. Los líquidos inflamables son aquellos cuyo punto de inflamación no supera:

a) 60 ºC.
b) 80 ºC.
c) 93 ºC.
d) 110 ºC.

74. ¿Cómo se llaman las sustancias que en contacto con otras producen una reacción exotérmica?

a) Pirofóricas.
b) Explosivas.
c) Comburentes.
d) Corrosivas.

75. Las sustancias o mezclas líquidas o sólidas que, aún en pequeñas cantidades, pueden inflamarse al cabo de 5 minutos de entrar en contacto con el aire, se llaman:

a) Sustancias pirofóricas.
b) Sustancias comburentes.
c) Sustancias autorreactivas.
d) Sustancias explosivas.

76. Los peligros para la salud se hallan divididos, según el Reglamento CLP, en:

a) 20 clases y 35 categorías.
b) 2 clases y 5 categorías.
c) 10 clases y 25 categorías.
d) 16 clases y 45 categorías.

77. No se considera toxicidad aguda cuando los efectos adversos se manifiestan:

a) Tras la administración por vía oral de una sola dosis de una sustancia o mezcla.
b) Tras dosis múltiples administradas a lo largo de 24 horas.
c) Como consecuencia de una exposición por inhalación durante 4 horas.
d) Tras la administración por vía cutánea de entre 10 a 20 dosis de una sustancia o mezcla.

78. Se clasifican como irritantes oculares las sustancias que, como consecuencia de su aplicación en la superficie anterior del ojo, producen alteraciones oculares totalmente reversibles en:

a) Las 4 horas siguientes a la aplicación.
b) Las 24 horas siguientes a la aplicación.
c) Los 10 días siguientes a la aplicación.
d) Los 21 días siguientes a la aplicación.

79. En el etiquetado de un producto de limpieza, las palabras que indican el nivel relativo de gravedad de los peligros para alertar al consumidor de la existencia de un peligro potencial, se denominan:

a) Palabras de advertencia.
b) Consejos de prudencia.
c) Pictogramas.
d) Frases R.

80. ¿Cuál de las siguientes es una palabra de advertencia asociada a las categorías menos graves, según el Reglamento CLP?

a) Cuidado.
b) Ojo.
c) Atención.
d) Prudencia.

81. ¿De qué advierte el pictograma de la figura en una etiqueta de un producto de limpieza?

a) Sustancia inflamable.
b) Sustancia comburente.
c) Sustancia corrosiva.
d) Sustancia explosiva.

82. Al utilizar un producto químico con el siguiente pictograma, hay que recordar que se trata de una sustancia:

a) Corrosiva.
b) Dañina para el medio ambiente.
c) Tóxica.
d) Gas bajo presión.

83. Las frases de riesgo, R, de las etiquetas de los productos químicos han sido sustituidos en el nuevo Reglamento CLP por:

a) Las frases H, indicaciones de peligro.
b) Los consejos de prudencia, P.
c) Las palabras de advertencia.
d) Los pictogramas.

84. Las frases EUH en la etiqueta de un producto, contienen:

a) Indicaciones de peligro para la salud humana.
b) Consejos de prudencia.
c) Frases de advertencia.
d) Información suplementaria sobre los peligros.

85. Los nuevos consejos de prudencia en las etiquetas de los productos, equivalen a las anteriores:

a) Indicaciones de peligro.
b) Frases S.
c) Frases R.
d) Palabras de peligro.

86. El etiquetado de aquellos detergentes que resulten clasificados como productos peligrosos:

a) Deberá cumplir el Reglamento sobre clasificación, envasado y etiquetado de preparados peligrosos vigente.
b) Bastará con cumplir sólo el etiquetado de la Reglamentación técnico-sanitaria para la elaboración, circulación y comercio de detergentes y limpiadores.
c) No está sujeta a obligaciones de etiquetado.
d) La etiqueta deberá ser de color naranja.

87. En el caso de que un producto limpiador sea considerado como producto peligroso, actualmente el fabricante debe incluir en su etiquetado un pictograma de peligro que será:

a) Cuadrado y apoyado sobre un lado.
b) Cuadrado y apoyado sobre un vértice.

c) Redondo.

d) Rectangular apoyado sobre el lado mayor.

88. En la tabla de almacenamiento con sus respectivos iconos, el signo "0" entre productos nos indica:

a) Puede almacenarse junto.

b) No debe almacenarse junto.

c) Solamente podrán almacenarse juntos, adoptando ciertas medidas.

d) Debe estar siempre vacío.

89. ¿Qué es falso del almacenamiento de los productos de limpieza?

a) Se debe utilizar en las zonas bajas de las estanterías los productos más voluminosos y los más utilizados.

b) Almacenar las sustancias peligrosas debidamente separadas.

c) A mayor producto almacenado, menor riesgo.

d) Almacenar las sustancias peligrosas agrupadas por el tipo de riesgo que pueden generar y respetando las incompatibilidades que existen entre ellas

90. Los productos de limpieza pueden:

a) Provocar incendios o explosiones.

b) Emitir gases peligrosos.

c) Son ciertas las respuestas a) y b).

d) Generalmente son inocuos, y no debe existir precauciones en su almacenamiento.

91. ¿Qué cantidades de productos químicos de limpieza se guardarán en los lugares de trabajo?

a) Suficientes para un mes de trabajo.

b) Suficientes para una semana de trabajo.

c) Las que sean estrictamente necesarias para el desarrollo de la actividad diaria.

d) No es necesario tener controles estrictos de cantidades de productos químicos de limpieza.

92. ¿Cómo deben almacenarse las sustancias peligrosas empleadas en la limpieza?

a) Separadas y obviando las incompatibilidades que existen entre ellas.

b) Agrupadas por diferentes tipos de riesgo.

c) Obviando las incompatibilidades que existen entre ellas.

d) Separadas, agrupadas por el tipo de riesgo que pueden generar y respetando las incompatibilidades que existen entre ellas.

93. ¿Qué productos de estos pueden estar cerca unos de otros ya que no son reactivos entre sí?

a) La lejía y el salfumán.
b) La lejía y el amoníaco.
c) La lejía, el salfumán, el amoníaco.
d) Todos son reactivos entre sí, y no pueden acercarse unos con otros.

94. Todo lo que se dice de las recomendaciones de almacenaje de productos químicos empleados en limpieza es cierto, excepto:

a) Elegir el recipiente adecuado para guardar cada tipo de sustancia química.
b) Guardar los líquidos peligrosos en recipientes abiertos.
c) Tener en cuenta que el frío y el calor deterioran el plástico, por lo que este tipo de envases que contenga productos químicos de limpieza deben ser revisados con frecuencia.
d) Todos los envases que contenga productos químicos de limpieza deben tener su correspondiente etiqueta.

95. ¿Qué productos químicos se sitúan en las zonas más bajas de las estanterías?

a) Los productos más voluminosos y los menos utilizados.
b) Los productos más voluminosos y los más utilizados.
c) Los productos menos voluminosos y los menos utilizados.
d) Los productos menos voluminosos y los más utilizados.

96. Es una característica de la fliselina:

a) Alta flamabilidad.
b) Poca resistencia a la abrasión.
c) Genera pelusas e hilachas libres en condiciones normales de uso.
d) Resistente al calor.

97. En el barrido manual, una vez amontonados los residuos, se retiran y depositan en los contenedores del carrito con:

a) El escobillo y el recogedor.
b) La espátula y la pala.
c) Las tablillas y la sopladora.
d) La escoba y las pinzas.

98. Las tablillas son un utensilio utilizado en algunos lugares, para el barrido manual, para:

a) Desincrustar chicles de las aceras.
b) Arrastrar, amontonar y recoger residuos en pequeños espacios.

c) Cepillar amplias áreas de acerado.
d) Trasladar residuos de la bolsa del carrito al contenedor.

99. Un cepillo pequeño que se utiliza para empujar hacia la pala o el recogedor los residuos amontonados previamente, es:

a) El cepillo de púas.
b) El rastrillo.
c) La tablilla.
d) El escobijo o escobillo.

100. Una de las siguientes no es una característica del carrito que lleva el operario/a de limpieza del barrido manual, ¿cuál?

a) Ser maniobrable, ligero y cómodo.
b) Contar con un espacio destinado a los útiles de limpieza y otro para uno o dos cubos de plástico.
c) Tienen, por lo habitual, dos ruedas.
d) Los actuales tienen un gran tamaño para evitar desplazamientos a los puntos de vertido.

101. Para retirar la hierba o maleza existente en el acerado, el operario/a de limpieza del barrido manual utiliza:

a) Escoba y rascador.
b) Azada y rastrillo.
c) Espátula y pala.
d) Escobijo y palustre curvo.

102. El instrumento dotado de cuchillas y un mango largo, utilizado por el operario/a de limpieza del barrido manual para desincrustar sustancias pegadas al pavimento, es:

a) El rascador.
b) El cepillo de púas.
c) El rastrillo.
d) El escobijo.

103. La herramienta utilizada como alternativa a la escoba, para el arrastre de residuos en el pavimento, con mayor capacidad aún de arrastre es:

a) La pala.
b) El escobillo.
c) El cepillo.
d) Las tablillas.

104. Las mangueras más recomendables en el servicio de baldeo manual han de tener una longitud de unos:

a) 10 metros.
b) 25 metros.
c) 50 metros.
d) 100 metros.

105. Los paños son clasificados por colores en función de donde vayan a ser utilizados. ¿De qué color ha de ser el paño que se utilice únicamente para limpiar los sanitarios que no sea retrete?

a) Azul.
b) Rojo.
c) Amarillo.
d) Verde.

106. ¿Cómo se denomina el cepillo pequeño que se utiliza para empujar hacia la pala o el recogedor los residuos amontonados previamente?

a) Escoba.
b) Escobillo o escobijo.
c) Mopa.
d) Cepillo.

107. ¿Cuál de las siguientes palas utilizaría para la limpieza de los sumideros?

a) La pala cuadrada pequeña.
b) La pala cuadrada de recogida o de carbonero.
c) La pala rectangular con los rebordes laterales altos.
d) La pala redonda de arenero.

108. ¿De qué materiales puede ser el capazo?

a) De goma.
b) De esparto.
c) De plástico.
d) Todas las respuestas son correctas.

109. ¿Cuál de los siguientes instrumentos utilizaría para desincrustar sustancias pegadas al pavimento, como los chicles, caramelos, cera o resina?

a) El rascador.
b) Una pala.
c) El rastrillo.
d) La azada.

110. Señala cuál de las siguientes no es una de las características que han de tener las mangueras utilizadas en el baldeo manual:

a) Alta resistencia al corte.
b) Gran diámetro, para un abundante riego.
c) Acoplamiento rápido y estandarizado a la red pública de riego.
d) Flexibles y manejables.

111. ¿Con qué nombre se conoce también a las pinzas recoge objetos?

a) Stikers.
b) Snacks.
c) Flexers.
d) Altunas.

112. La cristalización:

a) Es el tratamiento idóneo para piedras porosas y calcáreas.
b) Se aplica con fregona industrial.
c) Se aplica con máquina de chorro de arena.
d) Son correctas las respuestas a) y c).

113. ¿Con que tipo de mopa se aplicará las emulsiones?

a) La mopa deberá ser de algodón usado.
b) Con los flecos abiertos.
c) Con mopa de fibra metálica.
d) Las opciones a) y b) son correctas.

114. Las emulsiones:

a) Se deben aplicar en capas finas.
b) Hay que aplicar al menos dos capas.
c) Se puede pasar por ellas máquina de alta velocidad.
d) Todas son correctas.

115. Para cristalizar:

a) Utilizaremos productos que contengan fluosilicatos.
b) Sólo aplicaremos fluosilicatos con ceras.
c) Se cristaliza con decapantes.
d) Ninguna es correcta.

116. La primera capa de aplicación de emulsiones de suelos:

a) Se apartará medio palmo del zócalo.
b) Se apartará un palmo del zócalo.

c) Se apartará un palmo y medio del zócalo.
d) Cubrirá toda la superficie del suelo.

117. Los suelos de linóleo:

a) Son suelos duros.
b) Son suelos sensibles a los productos alcalinos.
c) Son suelos porosos.
d) Son correctas las respuestas b) y c).

118. El granito:

a) Es un suelo duro.
b) No es poroso.
c) No cristaliza.
d) Todas son correctas.

119. Los suelos de goma:

a) Se pueden tratar con emulsiones.
b) Son suelos blandos.
c) Su mejor mantenimiento es con máquinas de alta velocidad (método spray).
d) Todas son correctas.

120. La madera y el corcho:

a) Se deberán fregar a diario con agua y detergente neutro.
b) Lo que más les daña es el agua.
c) Se deberán cristalizar.
d) Son suelos no porosos.

121. Las alfombras y textiles:

a) Son suelos porosos en tres dimensiones.
b) Lo que más les daña es el polvo.
c) Se deben aspirar a diario.
d) Todas son correctas.

122. El sistema de limpieza de suelos que simplifica su mantenimiento y que es el más económico se denomina:

a) Abrillantado.
b) Spray.
c) Encerado.
d) Cristalizado.

123. ¿Que determina el grado de agresividad de un disco abrasivo?

a) Su color.
b) Su densidad.
c) Su tamaño.
d) Ninguna de las respuestas anteriores es correcta.

124. Los discos abrasivos tienen la misión de:

a) Extender el producto.
b) Ayudar a la acción química del producto mediante una acción mecánica.
c) Recuperar la suciedad disuelta y abrillantar.
d) Todas las respuestas son correctas.

125. Para la aplicación del Método Spray se debe utilizar:

a) Detergente.
b) Solvente.
c) Cera.
d) Todo ello, emulsionado con agua.

126. ¿Qué tratamiento será más recomendable dar en un suelo de mármol viejo, sin brillo y con arañazos?

a) Primero cristalizado y después encerado.
b) Primero encerado y después diamantado.
c) Primero diamantado y después cristalizado.
d) Primero diamantado y después acuchillado.

127. Señala uno de los inconvenientes que presenta el método de barrido en seco:

a) No permite desempolvar bien por debajo de los muebles y muchas veces fija el polvo y los residuos en los zócalos.
b) La forma en la que debe utilizarse la escoba convencional produce, con el tiempo, dolores de espalda.
c) Es un sistema lento y poco eficaz.
d) Todas las respuestas son correctas.

128. ¿Qué tipo de suelos son una alfombra o una moqueta?

a) Suelos de cerámica.
b) Suelos textiles.
c) Suelos de linóleo.
d) Suelos termoplásticos.

129. ¿Cuál de los siguientes es un suelo duro?

a) Suelos de cerámica.
b) Suelos vinílicos.
c) Suelos de corcho.
d) Suelos de goma.

130. ¿Qué tipo detergente se emplea en el tratamiento de base con método spray de los suelos de PVC?

a) Alcalino.
b) Ácido.
c) Fuerte.
d) No se emplea detergente.

131. Para cristalizar:

a) Utilizaremos productos que contengan fluosilicatos.
b) Sólo aplicaremos fluosilicatos con ceras.
c) Se cristaliza con decapantes.
d) Ninguna es correcta.

132. ¿Qué tratamiento será más recomendable dar en un suelo de mármol viejo, sin brillo y con arañazos?

a) Primero cristalizado y después encerado.
b) Primero encerado y después diamantado.
c) Primero diamantado y después cristalizado.
d) Primero diamantado y después acuchillado.

133. En la limpieza de paredes, el detergente alcalino se usará en proporción:

a) No superior al 1 % para limpieza de paredes con grasa.
b) No superior al 2 % para limpieza de paredes con grasa.
c) No superior al 3 % para limpieza de paredes con grasa.
d) No superior al 2 % para limpieza de paredes sin grasa.

134. Para el mantenimiento de textiles en paredes se usará:

a) Percloroetileno.
b) Amoniaco.
c) Champú para limpieza de textiles.
d) Las opciones a) y c) son correctas.

135. Señala la afirmación incorrecta en relación con el mantenimiento de las paredes de madera:

a) El agua deteriora la madera, por tanto, evitaremos mojarla.

b) Se pulveriza el mop-sec con producto capta-polvo al menos 10 minutos antes de su utilización.

c) Se procede a pasar el mop-sec por la madera para quitar el polvo.

d) Si quedara alguna mancha, se humedecerá una bayeta y se procederá a quitarlas manualmente.

136. ¿Cómo se eliminan las mancha del roce de las suelas de los zapatos en la pared no lavable?

a) Con agua y jabón.

b) Con una cuchilla.

c) Con goma de borrar.

d) Con lejía.

137. ¿Cómo se limpiarán las paredes empapeladas?

a) Se deberá eliminar el polvo de las mismas una vez al mes.

b) Se limpiarán diariamente con agua y jabón.

c) Se lavarán una vez al mes con un producto para textil en seco.

d) No se limpian.

138. ¿Para la limpieza de acero en puertas qué tipo de bayeta utilizaremos?

a) Bayeta suave de limpieza.

b) Bayeta azul.

c) Es indiferente.

d) No se utiliza bayeta.

139. ¿Cuándo se limpiarán los zócalos?

a) Antes de la pared.

b) Después de la pared.

c) Después del suelo.

d) A la vez que el suelo.

140. ¿Con qué se quitan las manchas de la pintura plástica en una pared?

a) Con agua.

b) En seco.

c) Con trementina.

d) Con percloroetileno.

141. Las paredes de pinturas al temple:

a) Se deben limpiar en seco.
b) Se limpian a través de un lavado y lejiado.
c) Se utilizan pulverizadores sin frotar.
d) Solo se limpian con paños secos.

142. Señala la mejor técnica para eliminar manchas en una pared empapelada:

a) Con goma de borrar o con una bola de miga de pan.
b) Con un rascador.
c) Con un cepillo de cerdas duras.
d) Con un cepillo de cerdas semirrígidas.

143. Indique que afirmación es correcta en relación con a la limpieza de paredes pintadas:

a) Para limpiar una pared pintada es indiferente con qué tipo de pintura se han pintado.
b) Debe lavarse sin haber retirado previamente el polvo para una mayor higiene.
c) Tras el fregado de la pared debe secarse con una trapo seco.
d) No debe enjuagarse más de una vez la esponja o bayeta que se utilice.

144. ¿Cuál de los siguientes tipos de paredes requieren para su lavado un detergente especial y una espuma especial, respectivamente?

a) Entelada y de pintura.
b) Empapelada y de cerámica.
c) De madera y entelada.
d) De pintura y de madera.

145. ¿Con qué frecuencia se procederá a la limpieza de las superficies próximas a las tomas de aire acondicionado?

a) Diariamente.
b) Semanalmente.
c) Cada quince días.
d) Mensualmente.

146. ¿Qué método utilizaría para eliminar manchas de una pared textil?

a) Frotación.
b) Arrastre.
c) Abrasión.
d) Tamponación.

147. ¿Qué utilizaría para limpiar manualmente un techo?

a) Mopa húmeda.
b) Bomba de aspiración.

c) Hidrolimpiadora.
d) Plumero.

148. ¿Con qué se limpiaría el sistema de detección de alarmas?

a) Con agua y jabón.
b) Con aire a presión.
c) Con desinfectante.
d) Con plumero.

149. ¿Qué orden de limpieza es correcto?

a) Techo, pared, suelo.
b) Techo, suelo, pared.
c) Pared, techo, suelo.
d) Suelo, pared, techo.

150. ¿Cómo se eliminan las marcas de gotas de agua del espejo del baño?

a) Con agua y jabón.
b) Con agua solo.
c) Con agua y unas gotas de vinagre.
d) Con lejía.

151. ¿Con que producto se limpian los espejos?

a) Con lejía.
b) Con agua y jabón.
c) Con bicarbonato.
d) Un detergente ácido.

152. ¿Qué utensilio de los siguientes utilizaremos para quitar suciedad pegada a los cristales que es difícil de eliminar?

a) Un cepillo aspirante.
b) Un limpiacristales o rastrillo.
c) Un estropajo.
d) Un rasca-vidrios.

153. En la limpieza de cristales, indique cuál de las siguientes afirmaciones es incorrecta:

a) Los cristales deben limpiarse cuando les da el sol con el objeto de ver mejor las manchas.
b) Los cristales deben limpiarse de arriba hacia abajo.

c) Las manchas de insectos podemos eliminarlas más fácilmente con alcohol de quemar.

d) Cuando limpiemos cristales grandes lo haremos más fácilmente si utilizamos cepillos montados con tubos enlazados.

154. A la hora de eliminar la suciedad de los cristales, hay que tener en cuenta que:

a) Las manchas de pintura las quitaremos fácilmente con alcohol de quemar.
b) Los limpiaremos siempre de abajo hacia arriba.
c) Las manchas producidas por los insectos las eliminaremos con esencia de trementina.
d) Procuraremos no limpiarlos cuando el sol se refleje en ellos.

155. Los cristales de las puertas de entrada requieren una frecuencia de limpieza:

a) Quincenal.
b) Semestral.
c) Diaria.
d) Anual.

156. Lo primero que tenemos que hacer en el montaje del restrillo para limpiar los cristales es:

a) Dejar entrar los dos dientes del muelle en cualquiera de las dos aberturas de la guía.
b) acoplar el mango en alguno de los lugares de la guía.
c) Apretar el muelle de acero en la parte inferior del mango.
d) Colocar el mango en la parte central de la guía, es la más usada.

157. Qué es un «*Strip*»:

a) Lavavidrios.
b) Máquina fregadora automática.
c) Rascador de vidrios.
d) Sistema de doble cubo para limpieza de suelos.

158. En la limpieza de ventanas grandes, que primer movimiento debemos hacer con el lavavidrios al empaparlo de agua:

a) En zip zap.
b) De arriba abajo.
c) A lo largo.
d) Es indiferente el movimiento.

159. ¿En qué posición se colocará el limpiacristales sobre la superficie del cristal para comenzar limpiar?

a) Horizontal.
b) Vertical.

c) Ligeramente inclinado a la derecha.
d) Es indiferente.

160. ¿En qué posición es más habitual colocar el mango del rastrillo limpiacristales?

a) Derecha.
b) Centro.
c) Izquierda.
d) Ligeramente a la derecha o izquierda, para que sea más fácil llegar a las esquinas.

Solución al test n.º 2

1. c) Primero se barrerá y posteriormente se utilizará el cepillo cubierto con paño para quitar el polvo antes de fregar.

2. d) Rojo.

3. a) Verde.

4. a) Hasta siete horas.

5. d) Todas las respuestas son correctas.

6. a) Mediante sustancias químicas (detergentes alcalinos) o mecánicamente con el empleo de fregadoras y detergentes solventes.

7. c) Asepsia.

8. a) Dispersión.

9. d) Coadyuvantes.

10. c) Área sucia.

11. d) El 20 %.

12. d) Todas las respuestas son correctas.

13. b) Patógenos.

14. b) Área limpia.

15. a) Comunitarias o extrahospitalarias y nosocomiales o intrahospitalarias.

16. d) Bacterianas y no bacterianas.

17. c) Suspensión.

18. a) Desinfección.

19. b) Reforzantes.

20. d) La limpieza de paredes y techos se realizará periódicamente y se utilizará detergente desengrasante.

21. b) Antiséptico.

22. b) Fómites.

23. c) Un fregado con mopa y detergente neutro o ligeramente alcalino.

24. b) Azul.

25. d) La limpieza la realizaremos siempre de las zonas más sucias a las más limpias.

26. d) Una vez por turno.

27. b) Las soluciones se preparan con suficiente antelación a su utilización, para que sean estables y evitar alteraciones.

28. d) El 20 %.

29. d) Todas las respuestas son correctas.

30. a) Han de ser porosas.

31. d) Sinner.

32. b) Antisepsia.

33. a) Cargas.

34. b) La flora residente es la colonización normal de microorganismos que viven en la superficie corporal (piel), así como en las cavidades y órganos huecos y es fácil de eliminar.

35. d) Aditivos.

36. b) Transmisión cruzada.

37. d) Todas las respuestas son correctas.

38. c) Esterilización.

39. b) Los humos de calefacción doméstica.

40. d) El glutaraldehído.

41. c) Los detergentes aniónicos.

42. b) Los detergentes anfóteros.

43. a) Son productos de gran eficacia, pero de elevado poder corrosivo.

44. d) Está comprendido entre 6 y 8.

45. d) Todas las respuestas son correctas.

46. c) Sanitizante.

47. b) Es estable aunque tiene poco efecto remanente y se inactiva muy fácilmente en presencia de materia orgánica.

48. b) 1:10 (9 litros de agua y 1 de lejía).

49. d) Son activos frente a hongos y bacterias Gram (+) y menos frente a las Gram (-).

50. c) 70 %.

51. c) Los alcoholes se inactivan en presencia de materia orgánica.

52. b) Es recomendable para la limpieza y desinfección de todo tipo de superficies.

53. d) Los limpiamuebles se deben aplicar en la bayeta inmediatamente antes de su uso y, a ser posible, sobre mobiliario no lavable.

54. a) Los detergentes no iónicos.

55. c) Detergentes ácidos.

56. a) Los detergentes neutros.

57. d) Tienen consideración de medicamentos los antisépticos para piel sana, incluidos los destinados al campo quirúrgico preoperatorio y los destinados a la desinfección del punto de inyección.

58. a) La dilución se preparará días antes de su utilización para mayor eficacia y preferentemente en lugares ventilados.

59. d) Todas las respuestas son correctas.

60. b) El formaldehído.

61. c) H.

62. a) Ficha de datos de seguridad.

63. d) Todas las respuestas son correctas.

64. a) Físicos.

65. b) Carcinogénica.

66. a) Peligroso para el medio ambiente.

67. d) Un símbolo negro sobre un fondo blanco, con un marco rojo lo suficientemente ancho para ser claramente visible.

68. d) Todas las respuestas son correctas.

69. b) Ficha de Datos de Seguridad.

70. a) Los materiales que constituyen los envases y sus cierres han de ser fácilmente solubles en el contenido para no entrar en reacción con él.

71. d) Peligros contagiables.

72. d) En 16 clases.

73. a) 60 ºC.

74. c) Comburentes.

75. a) Sustancias pirofóricas.

76. c) 10 clases y 25 categorías.

77. d) Tras la administración por vía cutánea de entre 10 a 20 dosis de una sustancia o mezcla.

78. d) Los 21 días siguientes a la aplicación.

79. a) Palabras de advertencia.

80. c) Atención.

81. d) Sustancia explosiva.

82. a) Corrosiva.

83. a) Las frases H, indicaciones de peligro.

84. d) Información suplementaria sobre los peligros.

85. b) Frases S.

86. a) Deberá cumplir el Reglamento sobre clasificación, envasado y etiquetado de preparados peligrosos vigente.

87. b) Cuadrado y apoyado sobre un vértice.

88. c) Solamente podrán almacenarse juntos, adoptando ciertas medidas.

89. c) A mayor producto almacenado, menor riesgo.

90. c) Son ciertas las respuestas a) y b).

91. c) Las que sean estrictamente necesarias para el desarrollo de la actividad diaria.

92. d) Separadas, agrupadas por el tipo de riesgo que pueden generar y respetando las incompatibilidades que existen entre ellas.

93. d) Todos son reactivos entre sí, y no pueden acercarse unos con otros.

94. b) Guardar los líquidos peligrosos en recipientes abiertos.

95. b) Los productos más voluminosos y los más utilizados.

96. d) Resistente al calor.

97. a) El escobillo y el recogedor.

98. b) Arrastrar, amontonar y recoger residuos en pequeños espacios.

99. d) El escobijo o escobillo.

100. d) Los actuales tienen un gran tamaño para evitar desplazamientos a los puntos de vertido.

101. b) Azada y rastrillo.

102. a) El rascador.

103. c) El cepillo.

104. b) 25 metros.

105. c) Amarillo.

106. b) Escobillo o escobijo.

107. c) La pala rectangular con los rebordes laterales altos.

108. d) Todas las respuestas son correctas.

109. a) El rascador.

110. b) Gran diámetro, para un abundante riego.

111. b) Snacks.

112. a) Es el tratamiento idóneo para piedras porosas y calcáreas.

113. d) Las opciones a) y b) son correctas.

114. d) Todas son correctas.

115. a) Utilizaremos productos que contengan fluosilicatos.

116. b) Se apartará un palmo del zócalo.

117. b) Son suelos sensibles a los productos alcalinos.

118. d) Todas son correctas.

119. d) Todas son correctas.

120. b) Lo que más les daña es el agua.

121. b) Lo que más les daña es el polvo.

122. b) Spray.

123. a) Su color.

124. d) Todas las respuestas son correctas.

125. d) Todo ello, emulsionado con agua.

126. c) Primero diamantado y después cristalizado.

127. d) Todas las respuestas son correctas.

128. b) Suelos textiles.

129. a) Suelos de cerámica.

130. a) Alcalino.

131. a) Utilizaremos productos que contengan fluosilicatos.

132. c) Primero diamantado y después cristalizado.

133. b) No superior al 2 % para limpieza de paredes con grasa.

134. d) Las opciones a) y c) son correctas.

135. b) Se pulveriza el mop-sec con producto capta-polvo al menos 10 minutos antes de su utilización.

136. c) Con goma de borrar.

137. a) Se deberá eliminar el polvo de las mismas una vez al mes.

138. a) Bayeta suave de limpieza.

139. b) Después de la pared.

140. a) Con agua.

141. a) Se deben limpiar en seco.

142. a) Con goma de borrar o con una bola de miga de pan.

143. c) Tras el fregado de la pared debe secarse con una trapo seco.

144. c) De madera y entelada.

145. b) Semanalmente.

146. d) Tamponación.

147. a) Mopa húmeda.

148. b) Con aire a presión.

149. a) Techo, pared, suelo.

150. c) Con agua y unas gotas de vinagre.

151. b) Con agua y jabón.

152. d) Un rasca-vidrios.

153. a) Los cristales deben limpiarse cuando les da el sol con el objeto de ver mejor las manchas.

154. d) Procuraremos no limpiarlos cuando el sol se refleje en ellos.

155. c) Diaria.

156. c) Apretar el muelle de acero en la parte inferior del mango.

157. a) Lavavidrios.

158. c) A lo largo.

159. c) Ligeramente inclinado a la derecha.

160. b) Centro.

TEST N.º 3

Áreas de limpieza. Intervención en habitaciones, procedimiento y técnicas para realizar camas, baños, cocinas, comedores, oficinas, zonas comunes, espacios abiertos e instalaciones. Maquinaria de limpieza. Limpieza de equipos eléctricos y equipos de ofimática

1. ¿Qué tipos de suciedad es el cemento?

a) Grasa.
b) Mineral.
c) Procedente de partículas que se desprenden del cuerpo.
d) Óxido.

2. ¿Con qué producto se elimina la grasa?

a) No tiene importancia la acidez.
b) Ácido.
c) Alcalino.
d) Neutro o ligeramente alcalino.

3. ¿Con qué producto se elimina la suciedad mineral?

a) Ácido.
b) Básico.
c) Neutro.
d) Lejía.

4. ¿Qué operación es correcta en la limpieza de aseos?

a) Se deberá aplicar después de la limpieza, si es necesario, lejía en una concentración al 2 %.
b) Se deberá aplicar después de la limpieza, si es necesario, peróxido de hidrógeno en una concentración al 2 %.
c) a) Se deberá aplicar después de la limpieza, si es necesario, lejía en una concentración al 12 %.
d) Todas son correctas.

5. De los elementos del cuarto de baño, ¿cuál se limpiará en último lugar?

a) Lavabo.
b) Bidé.
c) Bañera.
d) Inodoro.

6. ¿Para qué sirve la escobilla?

a) Para barrer.
b) Para frotar por dentro el lavabo.
c) Para frotar por dentro el inodoro.
d) Para frotar por dentro y por fuera el inodoro.

7. ¿Qué producto se utilizará para fregar el suelo del baño?

a) Detergente ácido.
b) Jabón.
c) Abrillantador.
d) Detergente-desinfectante.

8. ¿Cuántas veces se limpian los aseos públicos?

a) Una.
b) Diaria.
c) Dos.
d) Cuantas sea necesario en función de la ocupación.

9. ¿Qué es lo primero que se limpia en el aseo?

a) Lavabo.
b) Bidé.
c) Bañera.
d) Inodoro.

10. ¿Qué tipos de aseos públicos podemos encontrar?

a) Para mujeres.
b) Para hombres.
c) Para personas con discapacidad.
d) Todas las respuestas son correctas.

11. ¿A qué altura estará el lavabo en un aseo para personas con discapacidad?

a) 50 cm.
b) 70 cm.
c) 90 cm.
d) 1 m.

12. ¿Cuál de estas características corresponde a un aseo de personas con discapacidad?

a) Lavabo a altura de 90 cm., sin pie ni mueble, que permita el acercamiento y uso con silla de ruedas.
b) Grifos de accionamiento por giro.
c) Barras de apoyo a altura adecuada ancladas firmemente junto al inodoro.
d) Papel higiénico y accesorios cercanos al suelo.

13. ¿Qué es correcto sobre la limpieza de urinarios?

a) Se realizará de la misma forma que la limpieza de inodoros.
b) Es conveniente que la solución permanezca en el interior del urinario durante unos minutos.
c) Para la suciedad mineral se utilizará detergente ácido y después se tirará de la cadena.
d) Todas las respuestas son correctas.

14. ¿Cómo se realizará la limpieza de cuartos de baños y aseos?

a) En húmedo.
b) Realizando limpieza y desinfección simultáneamente.
c) Se fregará el suelo con el sistema de doble cubo.
d) Todas las respuestas son correctas.

15. ¿Qué característica de las siguientes tendrá un buen desinfectante?

a) Altamente soluble.
b) De olor desagradable.
c) No inocuo para la colectividad.
d) Corrosivo.

16. La limpieza de servicios:

a) Debe ser meticulosa.
b) Requiere el uso de guantes.
c) No es importante.
d) Son correctas la a) y la b).

17. La suciedad grasa o materia orgánica:

a) Es la suciedad diaria.
b) Requiere el uso de solución de detergente neutro.
c) Es así como se llama al sarro y óxido.
d) Son correctas la a) y la b).

18. En limpieza de servicios hay que tener en cuenta:

a) Limpiar de lo menos sucio a lo más sucio para evitar contaminaciones.
b) Utilizar muchos productos.
c) Preocuparse únicamente del suelo.
d) Ninguna es correcta.

19. En los servicios se debe:

a) Reponer el papel higiénico, jabón, toallas,...
b) Vaciar papeleras.
c) Dejar correr el agua de los urinarios...
d) Todas son correctas.

20. El detergente ácido:

a) Se empleará para quitar la suciedad de diario.
b) Sólo sirve para eliminar el óxido, sarro, cal,...
c) Se utilizará después de haber limpiado.
d) Son correctas la b) y la c).

21. En la limpieza de los servicios debemos tener en cuenta que hay dos tipos de suciedades, que son:

a) La grasa y la inorgánica.
b) La grasa y la sólida.
c) La grasa y la mineral.
d) Ninguna de las opciones anteriores es correcta.

22. Señala la opción incorrecta con respecto a las características que ha de tener un buen desinfectante:

a) No será inflamable.
b) Será estable en su almacenamiento.
c) De acción eficaz y rápida a temperatura ambiente.
d) Debe ser sensible a las variaciones de pH.

23. Para limpiar las pantallas de los ordenadores:

a) Deberán estar apagados y desconectados.
b) Deberán emplearse productos antiestáticos.
c) La humedad puede provocar problemas.
d) Todas son correctas.

24. En la limpieza de equipos de oficina (ordenadores personales, fotocopiad ras, etc.), ¿debe limpiarse su interior por parte del personal de limpieza?

a) Sí, pero deben desconectarse de la red eléctrica primero.
b) No, ya que de esa tarea se ocupan los correspondientes profesionales.
c) Sí, pero no de forma diaria sino semestral.
d) No, salvo en el caso de los contenedores de tóner de las fotocopiadoras.

25. ¿Cómo debe limpiarse una carcasa de ordenador?

a) Con una esponja humedecida en alcohol.
b) Con bayeta de tela sin tejer impregnada de solución de detergente multiusos.
c) Con un trapo suave ligeramente humedecido en agua.
d) Con un trapo impregnado de un producto antigrasa.

26. Como se limpian los teléfonos:

a) Sólo con agua.
b) Con un paño humedecido en solución de detergente neutro.
c) Cuando esté muy sucio, con un cepillo muy suave, impregnado de petróleo.
d) Con paño seco y quitapolvo.

27. ¿Cada cuánto tiempo se limpia la zona de micrófono de los teléfonos, si se considera necesario por razones higiénicas?

a) Diariamente.
b) Cada dos días.
c) Semanalmente.
d) Mensualmente.

28. Las ranuras del teclado se limpian:

a) Con papel de celulosa.
b) Con una bayeta humedecida en alcohol.
c) Con una esponja impregnada en una solución de agua con alcohol.
d) Se realizará sacudiendo suavemente los teclados.

29. La limpieza diaria del fax se realiza con:

a) Un paño empapado en agua.
b) Con una bayeta de tela sin tejer humedecida en solución de detergente neutro.
c) Una bayeta mojada en agua con detergente.
d) Todas las respuestas anteriores son correctas.

30. El cristal de la fotocopiadora debe ser limpiado con:

a) Limpiacristales.
b) Agua.
c) Alcohol y detergente.
d) Ninguna de las respuestas anteriores es correcta.

31. La limpieza exterior de una fotocopiadora se realiza con:

a) Un plumero.
b) Una esponja impregnada en detergente.
c) Una bayeta húmeda.
d) Un paño seco.

32. Los equipos informáticos deben limpiarse con:

a) Agua.
b) Productos antiestáticos.
c) Lejía.
d) Todas las respuestas anteriores son correctas.

33. La limpieza del interior de la máquina fotocopiadora:

a) Consistirá en retirar el polvo y quitarle cualquier resto de suciedad utilizando una bayeta húmeda.
b) Se realizará limpiando con un paño o bayeta secos.
c) Se utilizarán cepillos especialmente diseñados para ello y un producto capta-polvo.
d) Ninguna es correcta: esta limpieza será realizada por los profesionales del área.

34. Los ordenadores suelen atraer el polvo porque:

a) Suelen cargarse de energía estática.
b) Están fabricados de materiales que atraen el polvo.
c) Tienen imanes interiores, que atraen el polvo que tenga contenido mineral.
d) Ninguna es correcta: los ordenadores no atraen el polvo más que otros elementos de la oficina.

35. En una institución docente debemos tener en cuenta, a la hora de realizar su limpieza una serie de recomendaciones básicas de obligada observación: señale la incorrecta:

a) Vaciar las papeleras.
b) Eliminar el polvo de las zonas altas por encima de los hombros.
c) Prestar especial atención a aquellos elementos que se toquen con las manos: teléfonos, ordenadores, pomos de puertas, etc.
d) Eliminar el polvo del suelo con una mopa en suelos lisos.

36. En una institución docente antes de utilizar productos o líquidos para proceder a la limpieza, se recomienda:

a) Solo barrer los suelos de todo el colegio así como de sus accesos.
b) Solo pasar la mopa por los suelos de todo el colegio así como de sus accesos.
c) Pasar la mopa húmeda por los suelos de todo el colegio así como de sus accesos.
d) Barrer o pasar la mopa por los suelos de todo el colegio así como de sus accesos.

37. En una institución docente qué tipo de textil utilizaremos para limpiar las partículas y las superficies:

a) Utilizaremos trapos de acrílico.
b) Utilizaremos trapos de nailon.
c) Utilizaremos trapos de rayón.
d) Utilizaremos trapos de microfibras, en vez de tela.

38. Según la frecuencia en la limpieza podemos dividir las tareas higiénicas dependiendo de las necesidades en:

a) Primera limpieza: prepara las superficies después de su colocación, operación que facilitará su posterior mantenimiento.
b) Mantenimiento diario: técnicas rápidas para su aplicación día a día.
c) Limpieza periódica: operaciones que permitan tratar parcialmente aspectos puntuales a fin de obtener un nivel de limpieza compatible con las exigencias de los usuarios.
d) Todas las anteriores son correctas.

39. Entre las actividades a realizar según la frecuencia de limpieza semanal, no se encuentra:

a) Sacar telarañas y quitar polvo de las rejillas en el techo con plumero y mango, todo desde el suelo.
b) Mopear y fregar suelos duros.
c) Limpiar estanterías hasta una altura alcanzable desde el suelo. Usar desinfectante si procede.
d) Limpiar paredes hasta una altura alcanzable desde el suelo.

40. ¿Cuáles son los productos más adecuados para limpiar las pizarras?

a) Se deben utilizar productos abrasivos para limpiarlas.
b) Utilizar una bayeta humedecida en agua y un detergente neutro.
c) Usar desinfectantes y detergentes alcalinos.
d) Usar únicamente una bayeta seca.

41. ¿Cómo limpiaremos los azulejos del cuarto de baño?

a) Los azulejos, iremos de lo más limpio a lo más sucio.
b) En horizontal y de arriba abajo.

c) Se utilizará un detergente alcalino desengrasante y después se utilizará un detergente ácido débil para eliminar depósitos de sales, óxido y cal.

d) Todas las anteriores son correctas.

42. Entre las tareas de limpieza mensual no se encuentra:

a) Limpieza de zonas y dependencias de uso no diario, archivos, sótanos.

b) Quitar el polvo de todos los puntos de altura, que no se puede hacer normalmente en las tareas diarias, desde el suelo usando palos extensibles y plumero.

c) Limpieza a fondo de mobiliario con bayeta y desengrasante multiusos.

d) Limpieza de Cristales.

43. Cualquier proceso utilizado para eliminar o matar microorganismos. También se utiliza para referirse a la eliminación o neutralización de sustancias químicas peligrosas y materiales radioactivos. Es la definición de:

a) Biocida.

b) Descontaminación.

c) Desinfectante.

d) Esporicida.

44. ¿En qué consiste la limpieza de trazas?

a) Un arrastre mecánico de la suciedad con un cepillo, escobilla, esponja, agua y detergente y posterior enjuagado con agua y/o destilada.

b) En colocar el material en una solución de limpieza durante 20 o 30 min. Secar y aclarar con agua y/o destilada.

c) En utilizar ácidos o bases para la limpieza se usan lejías o disolventes orgánicos y a continuación, en una solución de HC1 1N y aclarado con agua destilada.

d) En desinfectar antes de proceder a la limpieza mediante inmersión en agua con lejía 20 – 30 min.

45. El ozono por su gran poder oxidante tiene, entre otras las siguientes propiedades:

a) Bactericida.

b) Esterilizante.

c) Fungicida.

d) Todas las anteriores son propiedades del ozono.

46. El ozono aplicado en el conducto de impulsión, a la salida de la máquina de climatización, asegura en todo momento y de manera continuada:

a) La desinfección de los conductos, atacando a la raíz del problema los microbios y la materia orgánica de que se alimentan.

b) La esterilización de los conductos, atacando a la raíz del problema los microbios y la materia orgánica de que se alimentan.

c) La antisepsia de los conductos, atacando a la raíz del problema los microbios y la materia orgánica de que se alimentan.

d) La limpieza de los conductos, atacando a la raíz del problema los microbios y la materia orgánica de que se alimentan.

47. El aparato eléctrico que frota un disco en el suelo para succionar la suciedad de la superficie, se denomina:

a) Pulidora.
b) Monocepillo.
c) Aspirador mixto.
d) Vaporosa.

48. ¿Para qué uso está diseñada la fregadora automática?

a) Espacios reducidos.
b) Exteriores.
c) Pasillos.
d) Habitaciones.

49. ¿Cómo serán los dos cubos del carro para sistema de doble cubo?

a) Del mismo color.
b) De entre 3-5 litros.
c) De distinto color.
d) De distinta forma.

50. El material de limpieza se limpiará con:

a) Agua más detergente ácido más bayeta y estropajo si fuera preciso.
b) Agua más detergente alcalino más paño y estropajo si fuera preciso.
c) Agua más detergente neutro más bayeta y estropajo si fuera preciso.
d) Agua más detergente básico más estropajo y desinfectante si fuera preciso.

51. Los cubos de basura se limpiarán:

a) Antes y después de la jornada laboral.
b) Tres veces al día.
c) Cada día.
d) Cada semana, o cuando sea necesario.

52. El carro de transporte del cubo de basura debe limpiarse cada:

a) Trimestre.
b) Mes.

c) Semana.
d) Día.

53. ¿Qué afirmación es incorrecta en relación con la conservación del material de limpieza?

a) Una vez realizada la limpieza del mobiliario se limpiará el material utilizado en limpieza de mobiliario.
b) Una vez limpio el material de limpieza, que antes se empleó en la limpieza del mobiliario, se dejará en situación de secado.
c) Para aprovechar los útiles de limpieza y alargar su vida, se empleará el material estropeado y sucio para realizar la limpieza diaria.
d) Tras finalizar el trabajo de limpieza se cerrarán puertas y ventanas.

54. ¿Cuándo se someterán todos los utensilios utilizados a una correcta limpieza, de forma tal que nos permita disponer de los mismos en perfecto estado al comienzo de la jornada siguiente?

a) En el mismo inicio de la jornada siguiente.
b) En el inicio de la jornada anterior.
c) Finalizada la jornada de trabajo.
d) No existe un protocolo claro de cuándo efectuarlo.

55. ¿Quién designa corrientemente la normativa de uniformidad del trabajador de limpieza?

a) Deberá ajustarse a la que designe el Comité de empresa.
b) Deberá ajustarse a la que designe el sindicato mayoritario elegido por los trabajadores de la empresa.
c) Deberá ajustarse a la que designe la empresa para la que trabaja.
d) Deberá ajustarse a la que designe la Administración Local (Ayuntamiento).

56. ¿Cómo deberá estar siempre el uniforme del trabajador de limpieza?

a) Limpio, con arrugas en ocasiones (durante la jornada) y sin roturas.
b) Limpio y planchado.
c) Limpio y sin roturas.
d) Limpio, planchado y sin roturas.

57. Todo lo que se dice de la vestimenta y aseo personal de los trabajadores de limpieza es cierto, excepto:

a) El aspecto del personal de limpieza será garantía de prestigio para la empresa para quien se trabaja.
b) El pelo deberá llevarse limpio.

c) El pelo del trabajador, cuando lo tiene excesivamente largo, no es necesario que se recoja, debido al respeto a la intimidad del mismo.

d) El uniforme del trabajador de limpieza deberá estar siempre planchado, limpio y sin roturas.

58. El calzado empleado en limpieza deberá ser:

a) El calzado será el mismo para todas las tareas.

b) No importa el tipo de calzado que lleve el trabajador de limpieza.

c) El calzado empleado en el fregado o/y riego o baldeo de suelos debe ser el mismo que el del barrido en seco.

d) El calzado deberá ser el apropiado para la tarea que se tenga que realizar.

59. El aseo personal del trabajador debe ser:

a) Diario.

b) Cada dos días.

c) Cada tres días.

d) Hasta cada semana, si sigue limpio.

60. ¿Hasta qué punto puede ser importante el aseo personal del trabajador de la empresa de limpieza para el propio operario?

a) Necesario para realizar su tarea diaria.

b) Necesario por estética de la empresa.

c) Será condición indispensable para la continuidad en el puesto de trabajo.

d) Necesario para poder cobrar semanalmente.

61. ¿Qué zona del cuerpo de trabajador requiere una especial atención en su aseo, mediante lavado, ya que puede ser un vehículo de contaminación de microorganismos?

a) Pies.

b) Manos.

c) Cara.

d) Tronco.

62. ¿Cuándo no deben lavarse las manos?

a) Después de manipular material sucio (basuras).

b) Después de cambiarse de ropa y antes de empezar a trabajar.

c) Comiendo, ya que se han lavado antes de comer.

d) Después de utilizar el WC.

63. Las manos deben lavarse en la jornada laboral:

a) Antes de empezar a trabajar.

b) Al finalizar la jornada.

c) Siempre que lo creamos necesario.

d) En todas las ocasiones anteriores.

64. Además de lavarnos las manos, para protegernos en el trabajo de limpieza de las contaminaciones involuntarias emplearemos:

a) Cuidados en no tocar lo que no debemos.
b) Especie de ungüentos que impiden que nos contaminemos.
c) Guantes.
d) Todo lo anterior es cierto.

65. El carro de limpieza para el sistema de doble cubo o rasante dispondrá de una bandeja para material de cuartos de baño y otra para material de limpieza de mobiliario, con una profundidad mínima de:

a) 10 centímetros.
b) 15 centímetros.
c) 20 centímetros.
d) 30 centímetros.

66. El carro de limpieza para el sistema de doble cubo o rasante dispondrá de dos cubos pequeños para la limpieza de superficies diferentes al suelo, y para limpiar los paños después de cada habitación, de color:

a) Azul y rojo.
b) Blanco y negro.
c) Azul y verde.
d) Amarillo y rojo.

67. En relación con la limpieza de habitaciones de aislamiento, se procederá en primer lugar a la limpieza de pacientes:

a) Aislados por aire.
b) Inmunodeprimidos.
c) Aislados por contacto.
d) Aislados por gotas.

68. Por regla general, se utiliza para la limpieza de cualquier superficie de la unidad del paciente que no sea sanitario ni retrete, el paño de color:

a) Rojo.
b) Azul.
c) Amarillo.
d) Verde.

69. Señalar la opción correcta. Se debe limpiar:

a) De las zonas más sucias a las menos sucias.
b) De afuera hacia dentro.
c) De arriba a abajo.
d) Del lado contiguo a la entrada al opuesto.

70. En la limpieza de habitaciones de aislamiento, ¿cuál de las siguientes acciones se realiza primero?

a) Limpieza de paredes y cristales.
b) Limpieza de superficies horizontales.
c) Barrido húmedo.
d) Retirada de residuos.

71. En la sala de operaciones quirúrgicas, la limpieza estará finalizada antes del inicio de la programación diaria de las intervenciones quirúrgicas:

a) 15 minutos antes.
b) 30 minutos antes.
c) 1 hora antes.
d) Desde el día anterior.

72. En las habitaciones de pacientes en aislamiento, ¿qué tipo de desinfectante se usará para superficies no metálicas?

a) Lejía en dilución 1:10.
b) Desinfectantes de alto espectro.
c) Polvo abrasivo clorado.
d) Todas las opciones anteriores son correctas.

73. ¿Qué habitaciones se limpiarán las primeras?

a) Habitaciones con aislamiento protector.
b) Habitaciones de pacientes aislados por aire.
c) Habitaciones de pacientes aislados por contacto.
d) Habitaciones sin aislamiento.

74. ¿Con qué periodicidad se realizará la limpieza rutinaria de la habitación en zona de aislamiento?

a) Una vez al día.
b) Dos veces al día.
c) Cuatro veces al día.
d) Cada hora.

75. ¿Qué características tendrán los materiales utilizados en la limpieza de habitaciones de aislamiento de pacientes infecciosos?

a) Desechables.
b) Exclusivos para el aislamiento.
c) Porosos.
d) Son correctas las respuestas a) y b).

76. ¿Qué productos se utilizarán para la desinfección de superficies metálicas?

a) Lejía en dilución 1:10.
b) Polvo abrasivo clorado.
c) Alcohol 70 %.
d) Todos los anteriores.

77. En relación con el uso de guantes, ¿Cuándo se realizará la higiene de manos?

a) Antes de colocar los guantes.
b) Inmediatamente después de retirar los guantes.
c) Antes de colocar los guantes e inmediatamente después de retirarlos.
d) Solo al terminar la jornada.

78. ¿Qué es falso en caso de aislamiento con habitación compartida?

a) Utilizar paños limpios para cada uno.
b) Completar la limpieza de cada espacio de cama antes de seguir al siguiente.
c) Los materiales serán exclusivos.
d) Se limpiará toda la habitación con el mismo material.

79. ¿Qué limpieza se realizará al alta de un paciente aislado?

a) Periódica.
b) Rutinaria.
c) General o a fondo.
d) Profunda.

Solución al test n.º 3

1. b) Mineral.

2. d) Neutro o ligeramente alcalino.

3. a) Ácido.

4. a) Se deberá aplicar después de la limpieza, si es necesario, lejía en una concentración al 2 %.

5. d) Inodoro.

6. c) Para frotar por dentro el inodoro.

7. d) Detergente-desinfectante.

8. d) Cuantas sea necesario en función de la ocupación.

9. a) Lavabo.

10. d) Todas las respuestas son correctas.

11. b) 70 cm.

12. c) Barras de apoyo a altura adecuada ancladas firmemente junto al inodoro.

13. d) Todas las respuestas son correctas.

14. d) Todas las respuestas son correctas.

15. a) Altamente soluble.

16. d) Son correctas la a) y la b).

17. d) Son correctas la a) y la b).

18. a) Limpiar de lo menos sucio a lo más sucio para evitar contaminaciones.

19. d) Todas son correctas.

20. d) Son correctas la b) y la c).

21. c) La grasa y la mineral.

22. d) Debe ser sensible a las variaciones de pH.

23. d) Todas son correctas.

24. b) No, ya que de esa tarea se ocupan los correspondientes profesionales.

25. b) Con bayeta de tela sin tejer impregnada de solución de detergente multiusos.

26. b) Con un paño humedecido en solución de detergente neutro.

27. c) Semanalmente.

28. d) Se realizará sacudiendo suavemente los teclados.

29. b) Con una bayeta de tela sin tejer humedecida en solución de detergente neutro.

30. d) Ninguna de las respuestas anteriores es correcta.

31. c) Una bayeta húmeda.

32. b) Productos antiestáticos.

33. d) Ninguna es correcta: esta limpieza será realizada por los profesionales del área.

34. a) Suelen cargarse de energía estática.

35. b) Eliminar el polvo de las zonas altas por encima de los hombros.

36. d) Barrer o pasar la mopa por los suelos de todo el colegio así como de sus accesos.

37. d) Utilizaremos trapos de microfibras, en vez de tela.

38. d) Todas las anteriores son correctas.

39. b) Mopear y fregar suelos duros.

40. b) Utilizar una bayeta humedecida en agua y un detergente neutro.

41. d) Todas las anteriores son correctas.

42. a) Limpieza de zonas y dependencias de uso no diario, archivos, sótanos.

43. b) Descontaminación.

44. c) En utilizar ácidos o bases para la limpieza se usan lejías o disolventes orgánicos y a continuación, en una solución de HC1 1N y aclarado con agua destilada.

45. d) Todas las anteriores son propiedades del ozono.

46. a) La desinfección de los conductos, atacando a la raíz del problema los microbios y la materia orgánica de que se alimentan.

47. b) Monocepillo.

48. c) Pasillos.

49. c) De distinto color.

50. c) Agua más detergente neutro más bayeta y estropajo si fuera preciso.

51. c) Cada día.

52. d) Día.

53. c) Para aprovechar los útiles de limpieza y alargar su vida, se empleará el material estropeado y sucio para realizar la limpieza diaria.

54. c) Finalizada la jornada de trabajo.

55. c) Deberá ajustarse a la que designe la empresa para la que trabaja.

56. d) Limpio, planchado y sin roturas.

57. c) El pelo del trabajador, cuando lo tiene excesivamente largo, no es necesario que se recoja, debido al respeto a la intimidad del mismo.

58. d) El calzado deberá ser el apropiado para la tarea que se tenga que realizar.

59. a) Diario.

60. c) Será condición indispensable para la continuidad en el puesto de trabajo.

61. b) Manos.

62. c) Comiendo, ya que se han lavado antes de comer.

63. d) En todas las ocasiones anteriores.

64. c) Guantes.

65. b) 15 centímetros.

66. a) Azul y rojo.

67. b) Inmunodeprimidos.

68. b) Azul.

69. c) De arriba a abajo.

70. d) Retirada de residuos.

71. b) 30 minutos antes.

72. d) Todas las opciones anteriores son correctas.

73. a) Habitaciones con aislamiento protector.

74. b) Dos veces al día.

75. d) Son correctas las respuestas a) y b).

76. c) Alcohol 70 %.

77. c) Antes de colocar los guantes e inmediatamente después de retirarlos.

78. d) Se limpiará toda la habitación con el mismo material.

79. c) General o a fondo.

Tipo de maquinaria de lavandería. Tipo de productos químicos a utilizar. Programas adecuados: elección en función de los textiles y suciedad. Influencia de la temperatura y dureza del agua en el proceso de lavado

1. Las prensas están especialmente indicadas para el planchado de:

a) Sábanas.
b) Toallas.
c) Camisas.
d) Servilletas.

2. Indica cuál NO es un tipo de prensa de planchado:

a) Universales.
b) De cuello y puños de camisa.
c) De frontal y espalda de camisa.
d) De dobladillo de camisa.

3. ¿Cómo es la parte superior de la prensa de planchado?

a) Abatible.
b) Inmóvil.
c) Almohadillada.
d) Todas las respuestas son correctas.

4. ¿Para qué caso utilizaría planchado por difusión de vapor?

a) Tejidos muy delicados.
b) Sábanas.
c) Toallas.
d) Todas las respuestas son correctas.

5. ¿Cómo limpiaría la plancha a vapor?

a) Con agua del grifo.
b) Con agua destilada.

c) Con aceite.
d) Con sal.

6. ¿Qué tipo de contenedor se utilizaría para el vaciado de la secadora?

a) Jaulas tipo rolltainer.
b) Contenedores tipo trolleys.
c) Carros de fondeo remontables.
d) Las respuestas b) y c) son correctas.

7. El planchado por difusión a vapor se utiliza en:

a) Tejidos resistentes con formación de rayas.
b) Tejidos poco delicados.
c) Tejidos muy delicados que no precisan de pliegues.
d) Tejidos de algodón y lino.

8. ¿Para qué prendas se utiliza el planchado por difusión a vapor?

a) Para los pijamas de los enfermos.
b) Para cortinas y estores.
c) Para las toallas.
d) Para fundas de almohada.

9. Los contenedores tipo trolleys tienen:

a) Cuatro ruedas fijas.
b) Cuatro ruedas giratorias.
c) Cuatro ruedas, dos de ellas giratorias.
d) Tres ruedas, dos de ellas giratorias.

10. Los contenedores tipo trolleys se utilizan para:

a) Depósito de ropa que proviene del vaciado de lavadoras o secadoras.
b) Depósito de ropa que proviene del vaciado de planchadoras y secadoras.
c) Depósito de ropa sucia y contaminada.
d) Vehículos para el traslado de ropa limpia.

11. ¿En una lavandería para qué se utilizan los maniquíes?

a) Para planchar ropa de forma.
b) Para diseñar uniformes.
c) Para prueba de confección de ropa de forma.
d) Para planchar entremetidas.

12. Para qué se utilizan los carros de fondeo remontables:

a) Para el vaciado de las secadoras.
b) Para el vaciado de las lavadoras.

c) Para el vaciado de las centrifugadoras.
d) Para distribuir la ropa producida.

13. Las plegadoras o dobladoras:

a) Tienen función de empaquetar la ropa.
b) Se pueden acoplar a la calandra para doblar ropa de línea sin manipulación.
c) Sirven para doblar ropa manual.
d) NInguna es correcta.

14. ¿Cómo suele ser el plato inferior de las presas automáticas de cuello y puños?

a) Vaporizante.
b) Automático.
c) Aspirante.
d) Las respuestas a) y c) son correctas.

15. Aunque existen diferentes modelos de centrales de planchado según su fabricante, cuáles son complementos:

a) Brazo soplante.
b) Pistola de vapor.
c) Pistola de desmanchado.
d) Todos ellos son complementos.

16. ¿Qué máquina de planchado se utiliza exclusivamente para el planchado de pantalones?

a) Central de planchado.
b) Topper.
c) Robot de planchado portable.
d) Prensa de planchado.

17. ¿Qué tipo de máquina de planchado es la siguiente imagen?

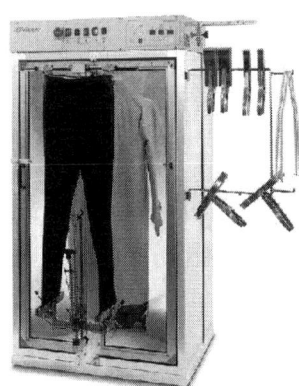

a) Topper.
b) Central de planchado.
c) Cabina de planchado.
d) Túnel de planchado.

18. Indica cuál NO es una característica de las cabinas de planchado:

a) Son de gran tamaño.
b) No usan dispersión de vapor.
c) Sirven para realizar planchado combinado de pantalones y camisas.
d) Velocidad en el planchado.

19. ¿Qué característica NO es propia en los túneles de planchado?

a) Requiere una instalación de sistema de raíl aéreo.
b) Son ideales para el planchado de gran cantidad de ropa de forma.
c) Son máquinas costosas en energía.
d) Permiten un ahorro de mano de obra.

20. Para el traslado de la ropa limpia se suele utilizar:

a) Jaulas tipo rolltainer.
b) Trolleys.
c) Carros de fondeo remontable.
d) Ninguna de las respuestas anteriores es correcta.

21. ¿Qué ropa no se plancha?

a) La de felpa.
b) La de seda.
c) La de algodón.
d) La de línea.

22. ¿Qué parte de la prensa es abatible?

a) La superior.
b) La inferior.
c) Ambas.
d) Ninguna.

23. ¿En qué parte de la prensa está la almohadilla?

a) La superior.
b) La inferior.
c) La abatible.
d) En la superior y la inferior.

24. ¿Qué sistema de planchado utilizaría para unos visillos delicados?

a) Calandra.
b) Prensa.
c) Planchado por difusión de vapor.
d) Planchado manual.

25. ¿Qué sistema de planchado utilizaría para marcar la raya de los pantalones?

a) Calandra.
b) Prensa.
c) Planchado por difusión de vapor.
d) Planchado manual.

26. ¿Qué es correcto sobre la plancha de vapor?

a) El agua de grifo puede dejar cal en su superficie.
b) El agua destilada puede dejar cal en su superficie.
c) Utilizan vinagre para planchar.
d) Todas las respuestas son correctas.

27. ¿Qué complementos pueden tener las centrales de planchado?

a) Brazo aspirante.
b) Pistola de vapor.
c) Pistola de desmanchado.
d) Todas las respuestas son correctas.

28. ¿Para qué se usan los contenedores tipo trolleys?

a) Para el depósito de ropa que proviene del vaciado de lavadoras o secadoras.
b) Para el depósito der ropa sucia.
c) Para introducir la ropa en el túnel de lavado.
d) Para colocar la ropa una vez empaquetada.

29. ¿En qué fase se pueden utilizar maniquíes?

a) Clasificación.
b) Lavado.
c) Planchado.
d) Distribución.

30. Jaulas móviles para el traslado de ropa limpia:

a) Tipo trolleys.
b) Tipo rolltainer.
c) Carros de fondeo remontables.
d) Percheros.

31. ¿Qué equipo realiza el plegado de las prendas?

a) Introductora.
b) Dobladora.
c) Empaquetadora.
d) Apiladora.

32. ¿Cuáles de las siguientes máquinas se utilizan para el empaquetado y la distribución de la ropa limpia?

a) Secadora.
b) Calandra.
c) Empaquetadora.
d) Centrífuga.

33. ¿Qué son los pesebres?

a) Contenedores.
b) Jaulas.
c) Sacos.
d) Carros.

34. ¿Qué tamaño es más habitual para los contenedores de ropa en la lavandería?

a) 1 o 2 litros.
b) 30 o 40 litros.
c) 300 o 400 litros.
d) 2000 o 3000 litros.

35. ¿Cómo son las cintas de tablillas?

a) Sistema de transporte formado por una banda continua que se mueve mediante dos rodillos en los extremos.
b) Sistema de arrastre formado por una sucesión de tablillas paralelas.
c) Sistema formado por un conjunto de rodillos, uno a continuación del otro, que giran al mismo tiempo pero de manera independiente.
d) Ninguna respuesta es correcta.

36. ¿Cómo funciona un transportador aéreo de cargas pesadas?

a) Consiste en un sistema de raíles a través del que se mueven unos colgadores que soportan las bolsas con los lotes de ropa.
b) La línea de transporte está formada por un conjunto de rodillos, uno a continuación del otro, que giran al mismo tiempo pero de manera independiente.
c) Es un sistema de transporte manual que facilita el traslado de la carga.
d) Todas las respuestas son correctas.

37. ¿En qué consiste el sistema discontinuo de lavado?

a) En la separación de las fases en el tiempo.
b) Es el que utilizan las lavadoras convencionales, de pequeño tamaño, como las de uso doméstico.

c) Consiste en dividir las fases del lavado en diferentes compartimentos comunicados entre sí, y que pueden funcionar al mismo tiempo.

d) Son correctas las respuestas a) y b).

38. ¿Cómo se define la capacidad de una lavadora?

a) Velocidad de centrifugación.
b) Cantidad de ropa que puede lavar en un ciclo.
c) Presencia o no de base antivibratoria.
d) Tamaño del equipo.

39. ¿Qué cantidad máxima de ropa puede lavar un túnel que tiene 12 compartimentos de 50 kg?

a) 50 kg.
b) 400 kg.
c) 600 kg.
d) 6000 kg.

40. ¿Qué cantidad máxima de ropa puede estar en una fase al mismo tiempo, en un túnel que tiene 12 compartimentos de 50 kg?

a) 50 kg.
b) 400 kg.
c) 600 kg.
d) 6000 kg.

41. ¿Cómo sale la ropa de la secadora?

a) Totalmente seca.
b) Parcialmente seca.
c) Totalmente húmeda.
d) Totalmente seca o con un grado de humedad que dependerá del tiempo del programa aplicado.

42. ¿Qué es la calandra?

a) Un equipo de lavado.
b) Un equipo de planchado.
c) Un sistema de depuración de agua.
d) Un tipo de lavandería.

43. Entre las instalaciones de una lavandería hospitalaria, encontramos:

a) Calandras.
b) Secadoras.

c) Empaquetadoras.

d) Todas son correctas.

44. Una empaquetadora es:

a) Una máquina de planchado de ropa de firma.

b) Una máquina donde se empaquete la ropa con plástico.

c) Una máquina de lavado de ropa.

d) Una máquina de hacer paquetes con papel maché.

45. ¿Cuál de estos elementos forman parte de los equipos de clasificación de ropa sucia?

a) Mesa de clasificación.

b) Alveolos.

c) Cinta transportadora.

d) Todas las respuestas son correctas.

46. ¿Qué tipo de cinta móvil es la más utilizada para la clasificación de ropa?

a) Bandas.

b) Rodillos.

c) Tablillas.

d) Ninguna de ellas se utiliza.

47. ¿Qué medio utiliza una tolva para el transporte de ropa?

a) Electricidad.

b) Fuerza centrífuga.

c) Gravedad.

d) Fuerza centrípeta.

48. ¿Qué son pesebres?

a) Contenedores para clasificación de ropa limpia.

b) Contenedores para clasificación de ropa sucia.

c) Baldas para el almacenamiento de ropa limpia.

d) Tolvas.

49. ¿En qué se diferencian las cintas de bandas y las de rodillos?

a) En el sistema de arrastre.

b) Las primeras sirven para el desplazamiento horizontal y las segundas para el vertical.

c) Las primeras están formadas por bandas paralelas, y las segundas por bandas verticales.

d) Todas las respuestas son correctas.

50. Las lavanderías verticales utilizan la fuerza de gravedad para transportar las prendas sucias entre una planta y otra inferior pero, ¿qué sistema utilizan para ahorrar energía?

a) Transportadores aéreos de raíles.
b) Tolvas.
c) Ascensores.
d) Pesebres.

51. ¿Qué es falso sobre el sistema de lavado discontinuo?

a) Es el sistema utilizado por las lavadoras convencionales.
b) Consiste en la separación de las fases.
c) Es un sistema que nunca se utiliza en las lavanderías hospitalarias.
d) Se utiliza una máquina lavadora con un tambor rotativo, que realiza todas y cada una de las fases del proceso de lavado, de forma separada y ordenada.

52. El sistema discontinuo de lavado:

a) Es el que se utiliza para grandes volúmenes de ropa.
b) Es el que utiliza el túnel de lavado.
c) Consiste en la separación de las fases en el tiempo.
d) En este sistema el agua se puede recircular y reutilizar.

53. ¿En qué consiste el sistema continuo de lavado?

a) En dividir las fases del lavado en diferentes compartimentos comunicados entre sí y que pueden funcionar al mismo tiempo.
b) En dividir las fases de lavado en el tiempo.
c) En no parar de lavar durante toda la jornada.
d) En disponer de varias lavadoras, una a continuación de la otra.

54. ¿Qué se hace con el agua del túnel de lavado?

a) Se acumula en calderas metálicas para otros usos.
b) Se recircula y reutiliza.
c) Se potabiliza y se vuelve a utilizar.
d) Se utiliza directamente en nuevos procesos.

55. La velocidad del centrifugado alto es:

a) Entre 550 y 740 G.
b) Entre 120 y 150 G.
c) Entre 200 y 270 G.
d) Entre 300 y 425 G.

56. El centrifugado normal se realiza a una velocidad de:

a) 81 G.
b) 120 G.
c) 50 G.
d) 425 G.

57. ¿Para qué se emplean esencialmente los pesebres en lavandería?

a) Para depositar la ropa sucia.
b) Para depositar la ropa limpia.
c) Para clasificar y separar la ropa sucia.
d) Para clasificar y separar la ropa limpia.

58. ¿Cuál es la capacidad habitual de los pesebres en una lavandería industrial?

a) 50 a 100 litros.
b) 150 a 250 litros.
c) 300 a 400 litros.
d) 500 a 700 litros.

59. ¿Cómo se denominan los muebles o encimeras que disponen de diferentes alvéolos para depositar la ropa una vez clasificada?

a) Aparador de servicio.
b) Mesa de pesada.
c) Mesa de clasificación.
d) Nada de lo anterior.

60. ¿A través de que medio llega la ropa a la mesa de clasificación en lavanderías industriales?

a) Manualmente por el operario.
b) En carro automatizado que lleva el operario y depósito manual.
c) En carro automatizado que lleva el operario y depósito automatizado mediante cinta transportadora.
d) Directamente mediante cinta transportadora.

61. La carga de lavado en peso:

a) Es incluida en la zona de lavado manualmente.
b) Coincide con la capacidad de la bolsa o saco de prendas contenidas, por llenado manual, y pesada final.
c) Coincide con la capacidad de la bolsa o saco de prendas contenidas, por llenado automático, y pesada final.
d) Nada de lo anterior es cierto.

62. ¿Qué elementos son los que ayudan al desplazamiento mecánico de la ropa que se va a clasificar?

a) Railes.
b) Tolvas.
c) Cintas transportadoras.
d) No es automático, sino manual.

63. ¿Cómo se denomina la cinta transportadora donde la línea de transporte está formada por un conjunto de rodillos, uno a continuación del otro, que giran al mismo tiempo pero de manera independiente?

a) Cintas elevadoras.
b) Cintas de bandas.
c) Cintas de rodillos.
d) Cintas de tablillas.

64. ¿Qué modalidad de cinta se puede utilizar para mover la ropa hasta la boca del túnel de lavado o de otros equipos, o para el traslado de ropa en una lavandería de estructura vertical?

a) Elevadoras.
b) De bandas.
c) De rodillos.
d) De tablillas.

65. ¿Qué cintas transportadoras son las más empleadas en lavanderías para la clasificación de ropa?

a) Elevadoras.
b) De bandas.
c) De rodillos.
d) De tablillas.

66. El sistema de transporte de las cintas de bandas está formado por:

a) Un sistema que desplaza la ropa hasta una zona más alta.
b) Una banda continua que se mueve mediante dos rodillos en los extremos.
c) Un conjunto de rodillos, uno a continuación del otro, que giran al mismo tiempo pero de manera independiente.
d) Una sucesión de tablillas paralelas.

67. ¿Qué herramienta consiste en sistema de raíles a través del que se mueven unos colgadores que soportan las bolsas con los lotes de ropa?

a) Transportador aéreo para cargas pesadas.
b) Tolvas.

c) Transportador aéreo para cargas poco pesadas.
d) Básculas.

68. ¿Cómo se denominan los conductos para el transporte de las prendas, por los que caen utilizando la gravedad?

a) Sacas de polipropileno.
b) Tolvas.
c) Básculas.
d) Bastidores bases.

69. ¿En qué tipo de lavanderías se utilizan las tolvas?

a) En lavanderías de estructura vertical.
b) En lavanderías de estructura horizontal.
c) En lavanderías institucionalizadas.
d) En lavanderías semicentralizadas.

70. ¿Qué aparatos son los que se utilizan para pesar las bolsas de ropa sucia que llegan a la lavandería?

a) Sacas de polipropileno y romana.
b) Tolvas.
c) Básculas.
d) Bastidores bases.

71. ¿Qué complementos en lavanderías son los que se utilizan para colocar la maquinaria o elementos de trabajo a una altura más cómoda para el trabajador?

a) Mesas o bastidores base.
b) Sacas.
c) Tolvas.
d) Básculas.

72. ¿Qué elementos de estos se emplean en lavanderías para el traslado de la ropa?

a) Cintas.
b) Tolvas.
c) Transportadores aéreos.
d) Son todos los anteriores.

73. ¿De qué depende el grado final de humedad de la prenda tras pasar por la secadora?

a) La composición del tejido.
b) El tipo de ropa.

c) El tiempo programado en la secadora.
d) Depende de todo lo anterior.

74. ¿Cómo calificarías a una secadora de 75 Kg?

a) De gran capacidad.
b) De mediana capacidad.
c) De baja capacidad.
d) De escasa capacidad.

75. ¿Cómo se denomina el sistema convencional de máquinas secadoras?

a) Discontinuo.
b) Continuo.
c) Activo.
d) Pasivo.

76. ¿Cuántos depósitos poseen las secadoras convencionales?

a) 1.
b) 2.
c) 3.
d) 4.

77. ¿Mediante qué sistema se secan las prendas en el túnel de secado de las secadoras continuas?

a) Planchado.
b) Prensado.
c) Aire caliente.
d) Vapor.

78. Cuando hay restos de detergente en una calandra, ¿qué procedimiento se utiliza para limpiarla?

a) Se pasa una sábana húmeda.
b) Raspando los rulos con una espátula.
c) Pasándole la manta limpiadora.
d) Frotando los rulos con agua.

79. ¿Cómo hay que tratar el acero ondulado de la calandra?

a) No necesita tratamiento.
b) Hay que protegerlo con una capa de lanilla de acero.
c) Hay que limpiarlo y después encerarlo.
d) La calandra no tiene piezas de acero con forma de ondas.

80. Según su uso las calandras pueden ser:

a) De rodillos periféricos.
b) Con cubeta.
c) Industriales.
d) Con cilindro central.

81. Indica cuál no es una característica de las calandras compactas:

a) Suelen ser con frecuencia calandras murales.
b) La salida de la ropa planchada se realiza por lugar contrario a la entrada.
c) Tienen dimensiones reducidas.
d) Consisten en un cilindro metálico caliente y un fieltro sinfín o un juego de bandas.

82. En las calandras industriales la cubeta estará calentada entre:

a) 100 y 120 ºC.
b) 50 y 100 ºC.
c) 120 y 150 ºC.
d) 170 y 200 ºC.

83. Según sus componentes existen en el mercado tres sistemas de calandras, ¿cuál de los indicados es uno de ellos?

a) Calandra con cilindro central y rodillos periféricos.
b) Calandra con cilindro central con lona conductora.
c) Calandra con cubeta.
d) Todos son sistemas de calandra según sus componentes.

84. En el sistema de calandra de cubeta la radiación térmica se produce mediante:

a) El cilindro central.
b) La cubeta.
c) Los rodillos periféricos.
d) Ninguno de los anteriores.

85. En el sistema de calandra de cubeta el ángulo de contacto de la ropa sólo abarca:

a) 180º.
b) 360º.
c) 200º.
d) 150º.

86. ¿Cuál es la misión de la calandra?

a) Secar y planchar las prendas textiles de ropa lisa en una sola operación.
b) Secar y planchar las prendas textiles de ropa de forma en operaciones separadas.

c) Secar prendas de forma y planchar prendas de línea.
d) Secar prendas de línea y planchar prendas de forma.

87. ¿Cuál puede ser la causa de que los bordes de las prendas no queden perfectamente planchados?

a) Mal funcionamiento de la dobladora.
b) Mal funcionamiento de la introductora.
c) Mal funcionamiento de los rodillos.
d) Mala práctica del trabajador.

88. ¿Cómo se elimina la humedad de la ropa en la calandra?

a) Por escurrido.
b) Por evaporación.
c) Por absorción.
d) Por presión.

89. ¿Cuál es la función de las cintas guía?

a) Separar la ropa seca del fieltro para conducirla a un segundo cilindro o a la plegadora.
b) Separar la ropa seca del fieltro para conducirla hacia la introductora.
c) Unir la ropa seca y húmeda para plancharla.
d) Todas las respuestas son correctas.

90. ¿Cuál es el elemento secador de la calandra?

a) Cubeta.
b) Rodillo.
c) La relación entre ambos.
d) Ninguno.

91. ¿Qué elemento se utiliza como superficie transmisora de calor en la calandra?

a) Rodillo.
b) Introductora.
c) Cubeta.
d) Revestimiento.

92. ¿Qué problema ocasionaría la oxidación de la cubeta en la calandra?

a) Mejora el coeficiente de transmisión térmica.
b) Contamina la ropa.
c) Empeora el coeficiente de transmisión térmica.
d) Las respuesta a) y b) son correctas.

93. ¿Cuál es la misión del rodillo?

a) Calentar.
b) Planchar.
c) Transportar la ropa.
d) Secar.

94. ¿Qué tipo de revestimiento puede llevar la calandra?

a) Lana de acero.
b) Resortes de laminillas.
c) Enrejado de muelles.
d) Todas las respuestas son correctas.

95. ¿Qué inconveniente tienen los resortes de laminilla como revestimiento?

a) Poca duración.
b) Fácilmente oxidable.
c) En caso de aplastamiento difícil de reparar.
d) Todas las respuestas son correctas.

96. ¿De qué se compone el sistema SPRINGPRESS?

a) Muelles sujetos a una cinta metálica.
b) Espacio vacío entre el rodillo y la cubeta oscila.
c) Millares de láminas en forma de escamas, estrechas y muy elásticas, de acero inoxidable.
d) Todas las respuestas son correctas.

97. ¿Qué tipo de purgador funciona utilizando la tensión de vapor de los líquidos?

a) Termodinámico.
b) Termostático.
c) De boya invertida.
d) Todos.

98. ¿De qué material es el muletón de la calandra?

a) Algodón.
b) Poliéster.
c) Poliamida.
d) Puede ser de cualquiera de estos materiales.

99. ¿Cómo se introduce la ropa de línea en la calandra?

a) Totalmente seca.
b) Húmeda.
c) Doblada.
d) Sólo se plancha en calandra la ropa de forma.

100. ¿A qué se debe fundamentalmente la rotura de los dobladillos de la ropa?

a) A la acción de rozamiento de la calandra.
b) A la confección de la ropa.
c) A el exceso de humedad en la ropa al ser planchada.
d) Al calor ejercido sobre la prenda en la calandra.

101. Se considera unas condiciones de humedad óptima en las prendas que hay que planchar en la calandra cuando está situada entre:

a) 20 – 30 %.
b) 55 – 60 %.
c) 35 – 50 %.
d) 60 – 75 %.

102. En relación al amarilleamiento de la ropa, el origen de esta anomalía puede ser causado por:

a) Empleo de agua ligeramente alcalina.
b) Grado de la tersura superficial de la cubeta.
c) Deformación de la cubeta.
d) Tipo de tejido a planchar y su humedad residual.

103. ¿Qué sistema de planchado es aquel que se emplea para ropa lisa, también denominada ropa de línea, que es aquella que no presenta costuras?

a) Planchado por difusión de vapor.
b) Planchado con prensa universal.
c) Planchado con calandra.
d) Planchado con planchas manuales.

104. El sistema de planchado con calandra se llama así por una parte de la maquinaria, en concreto de:

a) Un bastidor, que recibe ese nombre.
b) Un muletón termorresistente, que recibe ese nombre.
c) Unos rodillos de hierro, que entra en contacto directamente con una capa de lanilla de acero, que recibe ese nombre.
d) Nada de lo anterior es cierto.

105. ¿Cuál de los siguientes no es un fallo frecuente que se presentan durante el planchado?

a) Amarilleamiento de la ropa.
b) Enrollamiento y plisado de la ropa.
c) Ropa quemada.
d) Contorsión de la ropa.

106. ¿Qué se debe hacer durante el planchado para evitar que la ropa se amarille?

a) Aplicar el número de aclarados necesario.
b) Acidificar si es necesario.
c) El uso de neutralizantes adecuados.
d) Todas son correctas.

107. ¿Qué se debe hacer durante el planchado para evitar que la ropa se enrolle?

a) Controlar el tipo de ceras a utilizar.
b) Asegurar una buena lubrificación de la cubeta.
c) Controlar periódicamente la humedad residual.
d) Todas son correctas.

108. ¿De qué manera se usará perborato como blanqueante?

a) Se puede aplicar con agua caliente, a 80 °C o más.
b) Se añadirá al agua caliente (80-90 °C) y actuará durante 15 minutos.
c) Se inactiva con el calor, por lo que el agua no podrá superar los 40-50 °C.
d) El agua oxigenada no se utiliza como blanqueante de ropa.

109. ¿Qué acción ejerce el perborato en el lavado?

a) Secuestrante.
b) Oxidante.
c) Tensioactiva.
d) Amortiguadora.

110. ¿En qué propiedades se basa la acción del detergente?

a) Poder humectante, dispersión y suspensión.
b) Tensioactivo, coadyuvante y aditivo.
c) Aniónico y catiónico.
d) Ninguna respuesta es correcta.

111. ¿Cuál se considera el desinfectante universal?

a) Perborato.
b) Oxigeno.
c) Cloro.
d) Hidrógeno.

112. ¿Qué efecto tiene el ácido acético?

a) Protección del color.
b) Blanqueo.

c) Antioxidante.
d) Desinfectante.

113. ¿Señale cual de los siguientes compuestos químicos actúa como blanqueante?

a) Léjia.
b) Agua oxigenada.
c) Oxígeno activo.
d) Todas son correctas.

114. ¿Qué propiedades debe tener un detergente?

a) Poder humectante.
b) Poder dispersante.
c) Poder de suspensión.
d) Todas son correctas.

115. ¿Qué características tiene la lejía como desinfectante?

a) Es corrosiva para algunos metales.
b) Es inestable.
c) Es blanqueante.
d)Todas las respuestas son correctas.

116. ¿Qué ventajas tiene el ácido acético como detergente?

a) Forma espuma.
b) Su acción es de larga duración.
c) Es protector del color durante el lavado.
d) Es insensible a la materia orgánica.

117. Los detergentes utilizados para el lavado de ropa son:

a) 100 % naturales y con pH mínimo de 10.
b) Son de origen vegetal y con pH entre 10 y 12.
c) Son de tipo sintético y con pH neutro (6-8).
d) Es indistinto el tipo de detergente, si se lava a la temperatura adecuada.

118. Los principales agentes humectantes del detergente son:

a) Los alcoholes y derivados.
b) Hipoclorito.
c) Carbonatos.
d) Aditivos.

119. El cloro de la lejía actúa como oxidante, ya que disuelto en agua:

a) Forma ácido sulfúrico y libera oxígeno activo.
b) Forma ácido nítrico y libera enzimas.
c) Forma carbonatos y libera citratos.
d) Forma ácido hipocloroso y libera oxígeno activo.

120. La activación del perborato sódico, o liberación de oxígeno, se produce:

a) A 30º, siendo la temperatura óptima entre 40 y 50º.
b) El perborato sódico se activa a cualquier temperatura.
c) A 60º, siendo la temperatura óptima entre 80 y 90º.
d) Se inactiva con el calor.

121. El ácido acético:

a) Es un fuerte oxidante por liberación de oxígeno.
b) Actúa como blanqueante óptico de los tejidos.
c) Evita que se formen manchas amarillas en los tejidos por acumulación de cloro.
d) Se utiliza como protector del color durante el lavado.

122. El neutralizado tiene como función:

a) Eliminar restos de cloro y alcalinidad en los tejidos.
b) Mejorar el tacto de la prenda.
c) Neutralizar la tensión superficial del agua.
d) Facilitar el planchado de la prenda.

123. El peróxido de hidrógeno se denomina también:

a) Agua oxigenada.
b) Lejía.
c) Ácido acético.
d) Perborato sódico.

124. ¿Qué procesos forman parte de un ciclo de lavado?

a) Humectación y prelavado.
b) Lavado, aclarado y centrifugado.
c) Lejiado y neutralizado.
d) Todas las respuestas son correctas.

125. ¿Cómo se mantiene la ropa durante la humectación?

a) En agua fría durante 3-5 minutos.
b) En agua caliente durante 3-5 minutos.

c) En agua fría durante una hora.
d) En agua tibia sin tiempo determinado.

126. ¿En qué consiste el aclarado de la ropa?

a) Consiste en mojar la ropa con agua y detergente.
b) Consiste en mantener la ropa mojada para que no se arrugue.
c) Consiste en utilizar agua limpia para disolver los productos de lavado y las suciedades eliminadas.
d) Consiste en someter la ropa a giros rápidos para eliminar el agua retenida.

127. ¿Qué objetivo tiene el lejiado de la ropa?

a) Blanquear.
b) Desinfectar.
c) Emulsionar las suciedades.
d) Son correctas las respuestas a) y b).

128. ¿Qué es falso sobre el suavizante de la ropa?

a) Se añade en el último aclarado.
b) No necesita aclarado posterior.
c) Es recomendable en todo tipo de tejidos.
d) Mejora el tacto de la prenda.

129. ¿Cuál de los siguientes no es un objetivo del lavado de ropa?

a) Eliminación total de la suciedad presente en la ropa, sin deteriorar los tejidos, utilizando los productos adecuados.
b) Desinfección de las prendas, cuando sea necesario.
c) Eliminación de todo tipo de manchas, imperfecciones y arrugas.
d) Blanqueo de los tejidos.

130. ¿Cuándo se realiza la fase de humectación?

a) A la mitad del lavado.
b) En el prelavado.
c) Al inicio del lavado.
d) Las respuestas b) y c) son correctas.

131. ¿Qué procesos forman parte del tercer ciclo del prelavado?

a) Lejiado.
b) Aclarado, con expulsión del agua y centrifugado.
c) Se pone en funcionamiento el termostato para calentar el agua.
d) Todas las repuestas son correctas.

132. ¿En qué momento se produce el aclarado?

a) En la fase de prelavado.
b) En la fase de lavado.
c) Tras la adición y acción de cada producto.
d) Tras el centrifugado.

133. ¿En qué momento se añade la lejía?

a) Durante el prelavado.
b) Antes del prelavado.
c) Después del lavado.
d) Las opciones a) y c) son correctas.

134. ¿Qué ventajas tiene el lejiado tras el lavado?

a) Mejor blanqueo.
b) Mayor fijación de cloro.
c) No necesita neutralizante.
d) Todas las respuestas son correctas.

135. ¿Qué finalidad tiene el neutralizado?

a) El aclarado de los tejidos.
b) El blanqueo de los tejidos.
c) Evitar que queden restos de cloro en los tejidos.
d) Evitar el desteñido.

136. ¿Qué parámetros definen un programa de lavado?

a) La duración del lavado.
b) La temperatura.
c) Los aditivos de cada fase.
d) Todas las respuestas son correctas.

137. ¿Qué fases pueden formar parte del prelavado, o fase anterior al lavado?

a) Humectación.
b) Lejiado.
c) Neutralizado.
d) Suavizante.

138. ¿Qué procesos no forman parte del tercer ciclo del prelavado?

a) Lejiado.
b) Aclarado.

c) Centrifugado.
d) Todas las repuestas son correctas.

139. ¿En qué momento se produce el centrifugado?

a) En la fase de prelavado.
b) En la fase de lavado.
c) Tras la adición y acción de cada producto.
d) Tras el centrifugado.

140. ¿En qué momento se añade el suavizante?

a) Durante el prelavado.
b) Antes del prelavado.
c) Después del lavado.
d) El último aclarado.

141. La humectación es una fase de lavado consistente en:

a) Blanquear y desinfectar la ropa.
b) Mantener la ropa inicialmente en agua fría durante 3 a 5 minutos, para favorecer la eliminación de las manchas.
c) Utilizar agua limpia para disolver los productos de lavado y las suciedades eliminadas.
d) Una alternancia de aclarados y centrifugados.

142. En el primer ciclo del prelavado:

a) El tambor de la máquina de lavado se llena hasta un 30 % de su capacidad con agua que lleva la dosis correspondiente de detergente.
b) El movimiento del tambor se detiene para expulsar el agua.
c) El tambor se llena completamente de agua.
d) El agua, con la dosificación de detergente y blanqueador, pasa al tambor hasta llenar aproximadamente la mitad.

143. En el segundo ciclo de lavado:

a) Hay una alternancia de aclarados y centrifugados.
b) Se realiza la adición de productos suavizantes.
c) El agua, con la dosificación adecuada de detergente y blanqueador, pasa al tambor hasta llenar aproximadamente la mitad.
d) La cubeta se llena de agua completamente hasta cubrir la ropa, y realiza movimientos continuados y a velocidad constante.

144. ¿Cuál de las siguientes afirmaciones es la correcta?

a) En el primer ciclo de lavado, la cubeta se llena de agua completamente hasta cubrir la ropa.
b) Hay una alternancia de aclarados y centrifugados en el segundo ciclo de lavado.

c) Al final del segundo ciclo de lavado, se expulsa el agua y hay un centrifugado corto.

d) En el tercer ciclo de lavado comienza la rotación, haciendo giros completos de manera lenta y aumentando progresivamente la velocidad.

145. ¿Cuál es el objetivo del centrifugado?

a) La eliminación total del agua de las prendas lavadas.
b) El secado de las prendas.
c) La eliminación de gran parte del agua de las prendas lavadas.
d) Las respuestas a) y b) son correctas.

146. En general en hospitales e instituciones sociosanitarias, la ropa más corrientemente utilizada es:

a) Ropa de color.
b) Ropa blanca de poliéster 100 %.
c) Ropa blanca de algodón 100 %.
d) Además de la respuesta c), ropa blanca mezcla de algodón/poliéster.

147. En un programa de lavado de ropa blanca de algodón a temperatura alta, la fase de lavado podrá alcanzar una temperatura máxima de:

a) 80 ºC.
b) 60 º C.
c) 90 ºC.
d) 100 ºC.

148. En un programa de lavado de ropa blanca de algodón a temperatura alta se producirán cuatro aclarados de una duración aproximada cada uno de:

a) 1-2 minutos.
b) 2-3 minutos.
c) 3-4 minutos.
d) 4-5 minutos.

149. En un programa de lavado de ropa blanca de algodón a temperatura media la fase de centrifugado tendrá una duración de:

a) 6-8 minutos.
b) 2-3 minutos.
c) 4-5 minutos.
d) 10-12 minutos.

150. ¿A cuántos grados centrígrados se realizará la fase de humectación en un programa de lavado de ropa blanca de algodón a temperatura media?

a) 10 ºC.
b) 30 ºC.

c) 60 ºC.

d) 90 ºC.

151. En el último aclarado de las sabanas y toallas de un hospital se incluirá el suavizante, siendo la duración de ese aclarado:

a) Igual a la duración de los tres aclarados anteriores.

b) 3 minutos.

c) 5 minutos.

d) No hay una duración estándar, depende de la calidad del suavizante empleado.

152. ¿De cuanta duración será el prelavado en un programa de lavado para ropa de color de tinturas sólidas?

a) 10 minutos.

b) 15 minutos.

c) 20 minutos.

d) 25 minutos.

153. En un programa de lavado de ropa de quirófano, la fase de humectado será de:

a) 2 enjuagues de 2 minutos cada uno.

b) 1 enjuague de 5 minutos.

c) 3 enjuagues de 3 minutos cada uno.

d) 3 enjuagues de 2 minutos cada uno.

Solución al test n.º 4

1. c) Camisas.

2. d) De dobladillo de camisa.

3. a) Abatible.

4. a) Tejidos muy delicados.

5. d) El cuello y canesú.

6. d) Las respuestas b) y c) son correctas.

7. c) Tejidos muy delicados que no precisan de pliegues.

8. b) Para cortinas y estores.

9. c) Cuatro ruedas, dos de ellas giratorias.

10. a) Depósito de ropa que proviene del vaciado de lavadoras o secadoras.

11. a) Para planchar ropa de forma.

12. a) Para el vaciado de las secadoras.

13. b) Se pueden acoplar a la calandra para doblar ropa de línea sin manipulación.

14. d) Las respuestas a) y c) son correctas.

15. d) Todos ellos son complementos.

16. b) Topper.

17. c) Cabina de planchado.

18. a) Son de gran tamaño.

19. c) Son máquinas costosas en energía.

20. a) Jaulas tipo rolltainer.

21. a) La de felpa.

22. a) La superior.

23. b) La inferior.

24. c) Planchado por difusión de vapor.

25. d) Planchado manual.

26. a) El agua de grifo puede dejar cal en su superficie.

27. d) Todas las respuestas son correctas.

28. a) Para el depósito de ropa que proviene del vaciado de lavadoras o secadoras.

29. c) Planchado.

30. b) Tipo rolltainer.

31. b) Dobladora.

32. c) Empaquetadora.

33. a) Contenedores.

34. c) 300 o 400 litros.

35. b) Sistema de arrastre formado por una sucesión de tablillas paralelas.

36. a) Consiste en un sistema de raíles a través del que se mueven unos colgadores que soportan las bolsas con los lotes de ropa.

37. d) Son correctas las respuestas a) y b).

38. b) Cantidad de ropa que puede lavar en un ciclo.

39. c) 600 kg.

40. a) 50 kg.

41. d) Totalmente seca o con un grado de humedad que dependerá del tiempo del programa aplicado.

42. b) Un equipo de planchado.

43. d) Todas son correctas.

44. b) Una máquina donde se empaquete la ropa con plástico.

45. d) Todas las respuestas son correctas.

46. a) Bandas.

47. c) Gravedad.

48. b) Contenedores para clasificación de ropa sucia.

49. a) En el sistema de arrastre.

50. b) Tolvas.

51. c) Es un sistema que nunca se utiliza en las Lavanderías Hospitalarias.

52. c) Consiste en la separación de las fases en el tiempo.

53. a) En dividir las fases del lavado en diferentes compartimentos comunicados entre sí y que pueden funcionar al mismo tiempo.

54. b) Se recircula y reutiliza.

55. d) Entre 300 y 425 G.

56. a) 81 G.

57. c) Para clasificar y separar la ropa sucia.

58. c) 300 a 400 litros.

59. c) Mesa de clasificación.

60. d) Directamente mediante cinta transportadora.

61. b) Coincide con la capacidad de la bolsa o saco de prendas contenidas, por llenado manual, y pesada final.

62. c) Cintas transportadoras.

63. c) Cintas de rodillos.

64. a) Elevadoras.

65. b) De bandas.

66. b) Una banda continua que se mueve mediante dos rodillos en los extremos.

67. a) Transportador aéreo para cargas pesadas.

68. b) Tolvas.

69. a) En lavanderías de estructura vertical.

70. c) Básculas.

71. a) Mesas o bastidores base.

72. d) Son todos los anteriores.

73. d) Depende de todo lo anterior.

74. a) De gran capacidad.

75. a) Discontinuo.

76. a) 1.

77. c) Aire caliente.

78. c) Pasándole la manta limpiadora.

79. c) Hay que limpiarlo y después encerarlo.

80. c) Industriales.

81. b) La salida de la ropa planchada se realiza por lugar contrario a la entrada.

82. d) 170 y 200 ºC.

83. d) Todos son sistemas de calandra según sus componentes.

84. b) La cubeta.

85. a) 180º.

86. a) Secar y planchar las prendas textiles de ropa lisa en una sola operación.

87. b) Mal funcionamiento de la introductora.

88. b) Por evaporación.

89. a) Separar la ropa seca del fieltro para conducirla a un segundo cilindro o a la plegadora.

90. a) Cubeta.

91. c) Cubeta.

92. c) Empeora el coeficiente de transmisión térmica.

93. c) Transportar la ropa.

94. d) Todas las respuestas son correctas.

95. c) En caso de aplastamiento difícil de reparar.

96. a) Muelles sujetos a una cinta metálica.

97. b) Termostático.

98. d) Puede ser de cualquiera de estos materiales.

99. b) Húmeda.

100. b) A la confección de la ropa.

101. c) 35 – 50 %.

102. a) Empleo de agua ligeramente alcalina.

103. c) Planchado con calandra.

104. b) Un muletón termorresistente, que recibe ese nombre.

105. c) Ropa quemada.

106. d) Todas son correctas.

107. d) Todas son correctas.

108. a) Se puede aplicar con agua caliente, a 80 ºC o más.

109. b) Oxidante.

110. a) Poder humectante, dispersión y suspensión.

111. c) Cloro.

112. a) Protección del color.

113. d) Todas son correctas.

114. d) Todas son correctas.

115. d)Todas las respuestas son correctas.

116. c) Es protector del color durante el lavado.

117. c) Son de tipo sintético y con pH neutro (6-8).

118. a) Los alcoholes y derivados.

119. d) Forma ácido hipocloroso y libera oxígeno activo.

120. c) A 60º, siendo la temperatura óptima entre 80 y 90º.

121. d) Se utiliza como protector del color durante el lavado.

122. a) Eliminar restos de cloro y alcalinidad en los tejidos.

123. a) Agua oxigenada.

124. d) Todas las respuestas son correctas.

125. a) En agua fría durante 3-5 minutos.

126. c) Consiste en utilizar agua limpia para disolver los productos de lavado y las suciedades eliminadas.

127. d) Son correctas las respuestas a) y b).

128. c) Es recomendable en todo tipo de tejidos.

129. c) Eliminación de todo tipo de manchas, imperfecciones y arrugas.

130. d) Las respuestas b) y c) son correctas.

131. b) Aclarado, con expulsión del agua y centrifugado.

132. c) Tras la adición y acción de cada producto.

133. d) Las opciones a) y c) son correctas.

134. a) Mejor blanqueo.

135. c) Evitar que queden restos de cloro en los tejidos.

136. d) Todas las respuestas son correctas.

137. a) Humectación.

138. a) Lejiado.

139. b) En la fase de lavado.

140. d) En el último aclarado.

141. b) Mantener la ropa inicialmente en agua fría durante 3 a 5 minutos, para favorecer la eliminación de las manchas.

142. a) El tambor de la máquina de lavado se llena hasta un 30 % de su capacidad con agua que lleva la dosis correspondiente de detergente.

143. d) La cubeta se llena de agua completamente hasta cubrir la ropa, y realiza movimientos continuados y a velocidad constante.

144. c) Al final del segundo ciclo de lavado, se expulsa el agua y hay un centrifugado corto.

145. c) La eliminación de gran parte del agua de las prendas lavadas.

146. d) Además de la respuesta c), ropa blanca mezcla de algodón/poliéster.

147. c) 90 ºC.

148. d) 4-5 minutos.

149. a) 6-8 minutos.

150. b) 30 ºC.

151. c) 5 minutos.

152. a) 10 minutos.

153. c) 3 enjuagues de 3 minutos cada uno.

Recepción de la ropa para la limpieza: manipulación, triaje y clasificación. Prevención y tratamiento de ropa que requiere vigilancia especial: desinfección y lavado de uniformes

1. ¿Se pueden producir cruces entre la ropa sucia y la ropa limpia?

a) Siempre.
b) Solo cuando la ropa limpia está empaquetada.
c) Si, teniendo el máximo cuidado de que no haya contacto ente la ropa sucia y la limpia.
d) No, nunca.

2. ¿Qué tarea no corresponde al área de clasificación y lavado?

a) La selección de los programas de lavado.
b) La preparación de detergentes y otros productos.
c) La centrifugación.
d) El pesado de la ropa que se selecciona.

3. ¿A qué proceso de planchado se someten las toallas?

a) Calandra.
b) Maniquí.
c) Túnel de secado.
d) No se planchan.

4. ¿Cómo influye el planchado en calandra sobre las manchas de grasa?

a) Ayuda a su eliminación.
b) Las fija más.
c) Emulsiona la grasa de la mancha gracias a las altas temperaturas.
d) No influye.

5. ¿Por dónde entra la ropa en la lavandería?

a) Por la zona sucia.
b) Por la zona limpia.

c) Por la zona de residuos.
d) Por railes aéreos.

6. ¿Para qué se pesa la ropa sucia que entra en la lavandería?

a) Para saber cuánto se facturará a cada servicio.
b) Para calcular la dosis de detergente diaria.
c) Para controlar la producción.
d) Ninguna respuesta es correcta.

7. ¿Cómo se clasifica la ropa sucia?

a) Manualmente.
b) Automáticamente.
c) Por Departamentos.
d) No se clasifica.

8. ¿Qué ocurre cuando el peso de ropa por lavado es inferior al recomendado?

a) La ropa queda más apretada, dificultando que los productos puedan penetrar en los tejidos.
b) Las máquinas trabajan más forzadas, y el sistema se puede dañar causando una avería.
c) El consumo de agua para la producción diaria prevista es mayor.
d) Las prendas no quedan limpias.

9. ¿Cómo se carga el túnel de lavado?

a) Manualmente.
b) Mecánicamente.
c) Directamente desde el área de clasificación.
d) Por carros de empuje manual.

10. ¿Cómo atraviesa la ropa la barrera sanitaria?

a) Por una puerta de vaivén.
b) Por el exterior.
c) Por el túnel de lavado.
d) Nunca la atraviesa. La ropa no pasa de una zona a otra.

11. ¿Cómo pueden ser los contenedores de ropa sucia?

a) Con una estructura de tubo de acero inoxidable con saco desmontable de tejido plastificado
b) Es una estructura de plástico o resina.

c) Tienen ruedas giratorias para poder desplazarlos.
d) Todas las respuestas son correctas.

12. ¿Para qué sirve la mesa de clasificación?

a) Para separar la ropa antes del lavado.
b) Para separar la ropa limpia.
c) Para guardar la ropa limpia.
d) Para apoyarse durante el plegado de la ropa.

13. ¿Cuál de estos tipos de cinta es más utilizado para la clasificación de la ropa?

a) Bandas.
b) Rodillo.
c) Tablillas.
d) Cualquiera de las anteriores.

14. ¿Para cuál de estas fases del proceso se puede utilizar un transportador aéreo para cargas pesadas?

a) Para clasificar la ropa.
b) Para llevar la ropa clasificada hasta el túnel de lavado.
c) Para vaciar el túnel de lavado.
d) Para transportar ropa limpia.

15. ¿Cómo funcionan las tolvas?

a) De forma mecánica.
b) Con ayuda de un panel de control.
c) Por gravedad.
d) Manualmente.

16. ¿Qué son bastidores base?

a) Tolvas.
b) Mesas.
c) Lavadoras.
d) Plegadoras.

17. ¿Cómo se quita una mancha de bolígrafo sobre un tejido?

a) Con alcohol.
b) Con agua oxigenada.
c) Con lejía.
d) Con aguarrás.

18. ¿Qué elemento se puede utilizar para quitar manchas de oxido de las prendas?

a) Aceite.
b) Limón.
c) Sal.
d) Alcohol.

19. ¿Qué ocurre si a una mancha de sangre se le aplica lejía?

a) Desaparece completamente.
b) Se fija más.
c) Se extiende.
d) Se desincrusta.

20. La zona sucia y la zona limpia de la lavandería estarán separadas por:

a) Carros de ropa limpia y sucia.
b) Por habitaciones independientes.
c) Por un biombo.
d) Por una barrera sanitaria.

21. ¿Cuál de estas manchas se puede eliminar con benzol?

a) Grasa.
b) Bolígrafo.
c) Chicle.
d) Fruta.

22. ¿Con qué método eliminaría una mancha de aceite?

a) Vinagre.
b) Benzol.
c) Agua oxigenada.
d) Lejía.

23. ¿Qué remedio es eficaz frente a las manchas de óxido?

a) Limón.
b) Agua oxigenada.
c) Alcohol.
d) Éter.

24. ¿Con qué producto se podrá eliminar una mancha de moho en el tejido?

a) Éter.
b) Lejía.

c) Limón.
d) Vinagre.

25. ¿Con qué limpiaría una mancha de tomate reciente?

a) Lejía.
b) Alcohol.
c) Agua fría.
d) Acetona.

26. ¿Durante cuánto tiempo se almacenará la ropa sucia?

a) El máximo posible.
b) Una semana.
c) Unos días.
d) El mínimo posible.

27. ¿Con qué se quita la mancha de alquitrán?

a) Acetona.
b) Aguarrás.
c) Hielo.
d) Alcohol.

28. ¿Qué mancha se quita con hielo?

a) Tinta.
b) Chicle.
c) Laca de uñas.
d) Bolígrafo.

29. ¿Cuál de las siguientes mezclas, realizadas en la proporción adecuada, es efectiva para la eliminación de las manchas de tintura de yodo en la ropa?

a) Agua y amoníaco.
b) Bórax y glicerina.
c) Agua y trementina.
d) Lejía y amoniaco.

30. La ropa manchada de fluidos como orina o sangre es un tipo de ropa contaminada:

a) Químicamente.
b) Biológicamente.
c) No es ropa contaminada.
d) Sin signos visibles de suciedad crítica.

31. ¿Qué debemos tener en cuenta en el triaje de la ropa sucia tras su recogida, transporte y almacenamiento?

a) Si es ropa de cama o de tipo personal.
b) Si se trata de ropa contaminada biológicamente.
c) Si se trata de ropa deteriorada o no.
d) El etiquetado de los lotes de las prendas.

32. Para la separación y clasificación de la ropa sucia se deberá:

a) Colocar la ropa en contenedores o carros diferenciados según el nivel de contaminación, tipo de tejido y requisitos de lavado.
b) Inspeccionar visualmente cada pieza para detectar manchas, daños o contaminación específica.
c) Preparar lotes separados para ropa que necesite pretratamiento, como manchas de sangre o químicos.
d) Todas son correctas.

33. ¿Cuál no es un método de desinfección de los uniformes?

a) Térmico.
b) Químico.
c) Conclave.
d) Por vapor.

34. ¿Cuál será la temperatura recomendada para el lavado de los uniformes de algodón?

a) Inferior a 60 ºC.
b) Superior a 30 ºC.
c) Igual o superior a 60 ºC.
d) Exactamente 50 ºC.

35. El prelavado de uniformes que presentan contaminación visible con fluidos corporales se realizará con:

a) Agua fría.
b) Agua a 30 ºC.
c) Agua y detergente a 30 ºC.
d) Ninguna de las anteriores.

Solución al test n.º 5

1. d) No, nunca.

2. c) La centrifugación.

3. d) No se planchan.

4. b) Las fija más.

5. a) Por la zona sucia.

6. c) Para controlar la producción.

7. a) Manualmente.

8. c) El consumo de agua para la producción diaria prevista es mayor.

9. b) Mecánicamente.

10. c) Por el túnel de lavado.

11. d) Todas las respuestas son correctas.

12. a) Para separar la ropa antes del lavado.

13. a) Bandas.

14. b) Para llevar la ropa clasificada hasta el túnel de lavado.

15. c) Por gravedad.

16. b) Mesas.

17. a) Con alcohol.

18. b) Limón.

19. b) Se fija más.

20. d) Por una barrera sanitaria.

21. a) Grasa.

22. b) Benzol.

23. a) Limón.

24. d) Vinagre.

25. c) Amoniaco.

26. d) El mínimo posible.

27. b) Aguarrás.

28. b) Chicle.

29. a) Agua y amoníaco.

30. b) Biológicamente.

31. d) El etiquetado de los lotes de las prendas.

32. d) Todas son correctas.

33. c) Conclave.

34. c) Igual o superior a 60 ºC.

35. a) Agua fría.

TEST N.º 6

Nociones básicas de dietas y menús para las patologías más frecuentes de las personas mayores. Tipo de sustancias o productos que causan alergias o intolerancias según el Reglamento (EU) 1169/2011 de Parlamento Europeo y del Consejo de 25 de octubre de 2011. Principios básicos de higiene alimentaria

1. ¿Cuál de las siguientes afirmaciones no es correcta?

a) En una dieta hipocalórica se ingieren menos calorías.
b) En una dieta hipocalórica no se reduce el aporte de vitaminas.
c) En una dieta hipocalórica se reduce el aporte de minerales.
d) La dieta hipocalórica es recomendada contra la obesidad.

2. ¿Cuándo se puede hablar de déficit nutricional?

a) Cuando la cantidad de nutrientes y proporción de los mismos es equilibrada.
b) Cuando el aporte energético diario responde a los requerimientos de cada individuo.
c) Cuando el aporte de algún nutriente no es suficiente.
d) Todas las respuestas son correctas.

3. Si con la dieta se obtiene diariamente menos energía de la que se necesita, ¿qué ocurre?

a) El organismo obtiene más energía de las reservas almacenadas en forma de proteínas.
b) El organismo obtiene más energía de las reservas almacenadas en forma de grasas.
c) El organismo funciona con menos energía.
d) La dieta siempre aporta energía suficiente.

4. ¿Qué requisitos debe cumplir la dieta?

a) Aportar suficiente energía.
b) Ser equilibrada.
c) Debe contener todos los nutrientes.
d) Todas las respuestas son correctas.

5. ¿En cuál de estas dietas está reducido el uso de sal?

a) Hipocalórica.
b) Hiposódica.
c) Hipoproteica.
d) Progresiva.

6. ¿Cuál es el aporte energético recomendado de las grasas en la dieta?

a) 30-35 %.
b) 50 %
c) 10-20 %.
d) 0 %.

7. ¿Qué tipo de dieta tomaría un anciano sin problemas de salud?

a) Basal.
b) Hipoproteica.
c) Hiposódica.
d) Diabética.

8. ¿En qué caso está indicada la dieta turmix?

a) Incremento de proteínas.
b) Problemas de deglución.
c) Problemas óseos.
d) Problemas hepáticos.

9. ¿Qué es correcto sobre una dieta hiposódica?

a) Está recomendada en casos de hipotensión.
b) Se debe reducir la sal o cambiarla por otros condimentos.
c) No incluye sal ni alimentos que contengan sodio.
d) Todas las respuestas son correctas.

10. ¿Qué alimento se debe reducir en una dieta hipoproteica?

a) Aceite.
b) Sal.
c) Carne.
d) Fruta.

11. ¿Qué es una hipersensibilidad a los alimentos?

a) La reacción adversa por sustancias no tóxicas que depende de la susceptibilidad de cada persona a un alimento.
b) Una reacción adversa generalizada por el consumo de alimentos.

c) Respuesta al consumo de venenos.
d) Ninguna respuesta es correcta.

12. ¿Cuál no es una reacción adversa a los alimentos no tóxica?

a) Alergia.
b) Intolerancia.
c) Toxiinfección.
d) Todas las respuestas son correctas.

13. ¿Cómo se denominan las proteínas que provocan una respuesta inmunitaria que se da en al menos un 50 % de los pacientes sensibles?

a) Alérgenos mayores.
b) Alérgenos menores.
c) Alergias.
d) Antígenos.

14. ¿En qué caso se origina una alergia alimentaria?

a) Cuando el alérgeno presente en el alimento desencadena una reacción inmunitaria en el organismo.
b) Cuando el alérgeno presente en el alimento desencadena una reacción no inmunitaria en el organismo.
c) Cuando el alérgeno alimentario no provoca ninguna reacción.
d) Ninguna respuesta es correcta.

15. ¿Qué es la reactividad cruzada?

a) Implica la aparición de síntomas sin que haya existido contacto previo con el alérgeno específico.
b) Ocurre cuando una persona toma un alimento que contiene alérgenos de gran similitud a otro al que ha estado expuesto.
c) Ocurre al ingerir otro alimento diferente pero con un alérgeno similar.
d) Todas las respuestas son correctas.

16. ¿Qué proteínas son alérgenos de la leche?

a) Lactoalbúmina.
b) Seroalbúmina.
c) Caseína.
d) Todas las respuestas son correctas.

17. ¿Qué parte del huevo es más alérgeno?

a) Clara.
b) Yema.

c) Cáscara.
d) Todas las partes por igual.

18. ¿Qué alérgeno no está presente en el pescado?

a) Anisakis.
b) Proteína del pescado.
c) Proteína ovomucoide.
d) Proteína del músculo del pescado.

19. ¿Cuál de estas especies puede estar infestada por anisakis?

a) Pescadilla.
b) Bacalao.
c) Pulpo.
d) Cualquiera de las anteriores.

20. ¿Diga qué es falso sobre el marisco?

a) Son frecuentes las reacciones alérgicas a los mariscos.
b) Los alérgenos son diversas proteínas específicas de cada marisco.
c) Los alérgenos del marisco se transfieren al agua de cocción.
d) No se da reactividad cruzada.

21. Indica la respuesta correcta sobre la soja:

a) La respuesta alérgica no se produce por vía inhalatoria.
b) Se han descrito reacciones cruzadas con los cacahuetes.
c) Algunos de los alimentos en los que puede estar presente son la comida asiática y la harina de trigo.
d) Se han descrito reacciones cruzadas con las verduras.

22. ¿Qué enfermedad es el "asma del panadero"?

a) Alergia alimentaria al pescado.
b) Reacción adversa al gluten.
c) Alergia alimentaria por cereales.
d) Enfermedad autoinmune.

23. ¿Cuáles son síntomas frecuentes de la alergia?

a) Urticaria.
b) Nauseas.
c) Tos irritativa.
d) Todas las respuestas son correctas.

24. ¿Qué mecanismos pueden producir una intolerancia alimentaria?

a) Enzimáticos.
b) Farmacológicos.
c) Sustancias presentes en el alimento que resultan perjudiciales.
d) Todos los anteriores.

25. ¿Qué es la enfermedad celíaca?

a) Intolerancia al gluten.
b) Intolerancia a las proteínas en general.
c) Enfermedad autoinmune.
d) Ninguna respuesta es correcta.

26. ¿Cuántos alérgenos especifica la Unión Europea?

a) 12.
b) 13.
c) 14.
d) 15.

27. ¿Cuál es el Reglamento Europeo sobre la información alimentaria facilitada al consumidor?

a) Reglamento (UE) Nº 1169/2011 del Parlamento Europeo y de Consumo de 25 de octubre.
b) Reglamento (CE) Nº 852/2004 del Parlamento Europeo y del Consejo de 29 de abril.
c) Reglamento (CE) Nº 853/2004 del Parlamento Europeo y del Consejo de 29 de abril.
d) Ninguno es correcto.

28. ¿Qué datos se consideran obligatorios respecto a la información alimentaria?

a) Composición de los alimentos.
b) Duración, almacenamiento y uso seguro.
c) Efectos sobre la salud.
d) Todas las respuestas son correctas.

29. ¿Cuál de las siguientes menciones sobre los alimentos no es necesario incluir en la etiqueta u otro medio informativo?

a) Lista de ingredientes.
b) Coadyuvantes tecnológicos.
c) Nombre, razón social y titulación del operador de empresa alimentaria.
d) Modo de empleo.

30. ¿Qué información debe figurar en la etiqueta de una bebida con alcohol?

a) Grado alcohólico volumétrico adquirido, cuando sea mayor del 1,2 % en volumen de alcohol.

b) Grado alcohólico volumétrico adquirido, cuando sea menor del 1,2 % en volumen de alcohol.

c) Grado alcohólico volumétrico adquirido en cualquier bebida alcohólica.

d) No hay obligación de hacer ninguna mención.

31. ¿Qué información debe ir obligatoriamente en la etiqueta de un producto alimenticio?

a) Condiciones especiales de conservación.

b) Alérgenos.

c) Información nutricional.

d) Todas las respuestas son correctas.

32. ¿Qué componente de la leche produce más reacciones alérgicas?

a) Determinados azúcares, como la lactoalbúmina.

b) Determinadas proteínas como la seroalbúmina.

c) Determinadas grasas como la caseína.

d) Todas las respuestas son correctas.

33. ¿Qué parte del huevo es más alérgena?

a) La clara.

b) La yema.

c) La cáscara.

d) Todo el huevo por igual.

34. ¿Cuál de los siguientes productos pueden presentar alérgenos del pescado, pero no anisakis?

a) Pulpo.

b) Merluza.

c) Boquerón.

d) Surimi.

35. ¿Qué alimentos pueden contener el alérgeno de la mostaza?

a) Carne.

b) Curry.

c) Soja.

d) Cacahuete.

36. ¿Cuál de estas hortalizas causa más alergias?

a) Calabacín.
b) Cebolla.
c) Apio.
d) Patata.

37. ¿Cuántos alérgenos de declaración obligatoria hay?

a) 10.
b) 12.
c) 14.
d) 16.

38. ¿Cuál es el Reglamento relativo a los requisitos para la transmisión de información a los consumidores sobre la ausencia o la presencia reducida de gluten en los alimentos?

a) Reglamento 17/2011, de 5 de julio.
b) Reglamento 828/2014 de 30 de julio.
c) Reglamento 1169/2011, de 25 de julio.
c) Reglamento 852/2004, de 29 de abril.

39. ¿Qué expresión podrá utilizarse en la etiqueta de un producto que no contengan más de 20 mg/kg de gluten tal como se venden al consumidor final?

a) Sin gluten.
b) Muy bajo en gluten.
c) Elaborado específicamente para celíacos.
d) Ninguna respuesta es correcta.

40. ¿Cuál de los siguientes productos no contienen alérgenos de declaración obligatoria?

a) Gelatina de pescado utilizada como soporte de vitaminas o preparados de carotenoides.
b) Aceite y grasa de semilla de soja totalmente refinada.
c) Lactosuero utilizado para hacer destilados alcohólicos, incluido el alcohol etílico de origen agrícola.
d) Todas las respuestas son correctas.

41. ¿Qué alérgeno podemos encontrar en bebidas como el vino o la cerveza?

a) Soja.
b) Lactitol.
c) Sulfitos.
d) Altramuces.

Solución al test n.º 6

1. c) En una dieta hipocalórica se reduce el aporte de minerales.

2. c) Cuando el aporte de algún nutriente no es suficiente.

3. b) El organismo obtiene más energía de las reservas almacenadas en forma de grasas.

4. d) Todas las respuestas son correctas.

5. b) Hiposódica.

6. a) 30-35 %.

7. a) Basal.

8. b) Problemas de deglución.

9. b) Se debe reducir la sal o cambiarla por otros condimentos.

10. c) Carne.

11. a) La reacción adversa por sustancias no tóxicas que depende de la susceptibilidad de cada persona a un alimento.

12. c) Toxiinfección.

13. a) Alérgenos mayores.

14. a) Cuando el alérgeno presente en el alimento desencadena una reacción inmunitaria en el organismo.

15. d) Todas las respuestas son correctas.

16. d) Todas las respuestas son correctas.

17. a) Clara.

18. c) Proteína ovomucoide.

19. d) Cualquiera de las anteriores.

20. d) No se da reactividad cruzada.

21. b) Se han descrito reacciones cruzadas con los cacahuetes.

22. c) Alergia alimentaria por cereales.

23. d) Todas las respuestas son correctas.

24. d) Todos los anteriores.

25. a) Intolerancia al gluten.

26. c) 14.

27. a) Reglamento (UE) Nº 1169/2011 del Parlamento Europeo y de Consumo de 25 de octubre.

28. d) Todas las respuestas son correctas.

29. c) Nombre, razón social y titulación del operador de empresa alimentaria.

30. a) Grado alcohólico volumétrico adquirido, cuando sea mayor del 1,2 % en volumen de alcohol.

31. d) Todas las respuestas son correctas.

32. b) Determinadas proteínas como la seroalbúmina.

33. a) La clara.

34. d) Surimi.

35. b) Curry.

36. c) Apio.

37. c) 14.

38. b) Reglamento 828/2014 de 30 de julio.

39. a) Sin gluten.

40. d) Todas las respuestas son correctas.

41. c) Sulfitos.

TEST N.º 7

Puesta a punto, montaje y menaje de tablas. Temperatura de los alimentos y cámaras frigoríficas. Gestión de residuos alimenticios. Trato y comportamiento con las personas usuarias en el comedor

1. ¿Cuál es el orden de colocación correcto al montar una mesa?

a) Mantel, cubremantel y muletón.
b) Muletón, mantel y cubremantel.
c) Muletón, cubremantel y mantel.
d) Mantel, muletón y cubremantel.

2. ¿Qué es un gueridón?

a) Una mesa auxiliar.
b) Un mueble donde colocar el material de comedor.
c) Una mesa redonda para 8 comensales.
d) Un carro.

3. ¿De qué material está hecha la muletilla?

a) Metal.
b) Loza.
c) Cristal.
d) Textil.

4. Para un menú a la carta, ¿cuántas copas se colocarán para cada comensal?

a) 2.
b) 3.
c) 4.
d) 1.

5. ¿Para qué se utiliza el carro caliente?

a) Para mantener los alimentos a la temperatura adecuada hasta su servicio.
b) Para transportar los alimentos antes de su elaboración.
c) Para elaborar platos a la vista del cliente.
d) Para mantener calientes los platos y fuentes.

6. ¿Cuál es la función del cubremantel?

a) Amortiguar golpes y ruidos.
b) Absorber líquidos que se derramen para que no manchen la mesa.
c) Evitar que se manche el mantel.
d) Todas las respuestas son correctas.

7. ¿Cuál de estos cubiertos se utiliza para el servicio?

a) Cucharón.
b) Cazo.
c) Cuchara de madera.
d) Son correctas las respuestas a) y b).

8. ¿Cuál de las siguientes copas se denomina "catavinos"?

a) Burdeos.
b) Borgoña.
c) Jerez.
d) Balón.

9. Al montar la mesa, ¿qué distancia mínima habrá entre platos?

a) 40 cm.
b) 60 cm.
c) 75 cm.
d) 1 m.

10. Como norma general, ¿a qué lado del plato se colocará la cuchara sopera?

a) A la derecha.
b) A la izquierda.
c) Delante del plato.
d) Sobre el plato.

11. ¿Según el Real Decreto 1021/2022, de 13 de diciembre, a qué temperatura interna se mantendrá la carne de ungulados domésticos?

a) Igual o inferior a 3 °C.
b) Igual o inferior a 4 °C.

c) Igual o inferior a 7 °C.
d) Igual o inferior a 10 °C.

12. ¿A qué temperatura se debe conservar una comida preparada que se va a refrigerar por un periodo inferior a 24 h?

a) 4 ºC.
b) 8 ºC.
c) 63 ºC.
d) -18 ºC.

13. ¿A qué temperatura se debe conservar la carne picada y los preparados de carne?

a) A temperatura igual o inferior a 2 °C.
b) A temperatura igual o inferior a 4 °C.
c) La respuesta a es correcta en el caso de los preparados de carne y la respuesta b es correcta en el caso de la carne picada.
d) La respuesta a es correcta en el caso de la carne picada y la respuesta b es correcta en el caso de los preparados de carne.

14. ¿En cuál de estos casos se puede usar huevo crudo en una cocina de colectividades?

a) Cuando el huevo se cocine a más de 60ºC durante al menos 5 minutos.
b) Cuando el huevo se cocina a más de 63ºC durante al menos 60 segundos.
c) Cuando el huevo alcance al menos 70ºC en el centro durante 2 segundos.
d) Son correctas las respuestas b) y c).

15. ¿En qué caso es necesario congelar el pescado que se va a servir en un comedor de colectividades?

a) Cuando el pescado de río se va a consumir poco hecho.
b) Cuando el pescado de mar se va a consumir en crudo.
c) Cuando el pulpo se va a consumir cocido.
d) En todos estos casos es obligatoria la congelación previa.

16. ¿Qué afirmación es incorrecta?

a) Las mesas estarán montadas antes de que los usuarios lleguen al comedor.
b) Los usuarios podrán cambiar de lugar, aunque no de mesa, durante la comida.
c) Si los usuarios necesitan ayuda para el lavado de manos, el personal a su cuidado deberá ayudarles en esta tarea.
d) En el comedor se dispondrá de baberos para los usuarios que lo necesiten.

17. ¿Qué riesgo puede tener la comida troceada en el plato del usuario?

a) Atragantamiento.
b) Enfriamiento más rápido.
c) Textura más blanda.
d) No tiene ningún riesgo.

18. ¿Qué es desbarasar?

a) Montar la mesa.
b) Eliminar los residuos orgánicos.
c) Retirar de la mesa los platos con los restos de comida y todo lo que ha sido utilizado por el usuario.
d) Limpiar la mesa después de comer.

19. ¿Cuál de las siguientes afirmaciones sobre la pasteurización es correcta?

a) Es un tratamiento térmico que destruye los microorganismos patógenos, es decir, aquellos que pueden perjudicar la salud del consumidor.
b) Se utiliza cuando un tratamiento de esterilización alteraría las características organolépticas del alimento.
c) Como ofrece menos garantía que la esterilización, va acompañado de otros métodos de conservación como frío o envases tipo brick.
d) Todas las afirmaciones anteriores son correctas.

20. ¿Cuál es la temperatura máxima de conservación de un alimento congelado?

a) −18 ºC.
b) +18 ºC.
c) 0 ºC.
d) 5 ºC.

21. ¿Qué tipo de conservación se usa para los zumos de fruta?

a) Esterilización.
b) Deshidratación.
c) Pasteurización.
d) Congelación.

22. ¿Qué efecto tiene el frío sobre los alimentos?

a) Mata a los microorganismos, alargando la vida útil del alimento.
b) Solidifica el agua, impidiendo que esté disponible para los microorganismos.
c) Acidifica el medio, modificando su sabor.
d) Las respuestas a) y b) son correctas.

23. ¿Para cuál de los siguientes productos se utiliza la pasteurización como método de conservación?

a) Anchoas.
b) Jamón.
c) Verduras.
d) Zumos.

24. ¿Para qué se utiliza el autoclave con agitación?

a) Higienizar alimentos.
b) Esterilizar líquidos.
c) Pasteurizar natas.
d) Todas son correctas.

25. ¿Qué tipo de congelación de alimentos produce cristales de hielo que dañan la estructura del producto?

a) Congelación artificial.
b) Congelación rápida.
c) Congelación lenta.
d) Congelación natural.

26. ¿Qué alimento es uno de los más idóneos para que se ultracongele fresco, ya que además de la ganancia nutricional se evita ciertas parasitosis, como la del anisakis?

a) Verdura.
b) Fruta.
c) Pescado.
d) Legumbres.

27. ¿Qué sistema de congelación mediante aire forzado es aquel donde el aire fluye perpendicular hacia la superficie del producto?

a) Congeladores de lecho fluido.
b) Congeladores de banda espiral.
c) Congeladores de circulación dividida de aire.
d) Congeladores de choque.

28. ¿Qué sistema de congelación reduce la oxidación que produciría el contacto con el aire?

a) Congeladores por contacto directo.
b) Congeladores de circulación dividida de aire.
c) Congeladores de choque.
d) Congeladores de lecho fluido.

29. La esterilización por calor se usa principalmente para:

a) Carnes rojas y blancas.
b) Frutas y verduras.
c) Conservas.
d) Legumbres.

30. La esterilización a temperaturas superiores a 100 ºC produce una disminución de las propiedades nutritivas de los alimentos, ocasionando sobre las grasas un/una:

a) Coagulación, y aparición de compuestos tóxicos.
b) Oxidación, y aparición de compuestos tóxicos.
c) Enranciamiento, y aparición de compuestos tóxicos.
d) Caramelización, y aparición de compuestos tóxicos.

31. El principal equipo empleado para esterilización es:

a) El horno convencional.
b) El autoclave.
c) La estufa.
d) El Poupinel.

32. ¿Qué hará el manipulador de alimentos si está afectado por un proceso diarreico?

a) No presentarse a trabajar.
b) No realizará ningún tipo de trabajo de manipulación, independientemente de la gravedad de la infección.
c) Informará con la finalidad de que se valore la necesidad de someterse a examen médico, y, en caso necesario, su exclusión temporal de la manipulación de productos alimenticios.
d) Continuará con su tarea normal, ya que no influye en su trabajo.

33. ¿Qué obligación tiene el manipulador de alimentos respecto a su indumentaria?

a) Ropa e indumentaria preferentemente de color claro.
b) Calzado impermeable.
c) Cubrecabezas y/o redecilla en su caso.
d) Todo ello, que además será debe ser exclusivo para su puesto de trabajo.

34. ¿En qué fase del proceso de manipulación de alimentos está prohibido mascar chicle?

a) Durante el envasado o emplatado.
b) Cuando el alimento va a ser consumido en crudo, sin cocción previa.
c) Está prohibido en todas las fases del proceso.
d) Está prohibido comer, no masticar chicle.

35. El manipulador de alimentos deberá lavarse las manos frecuente y cuidado-samente con jabón líquido, agua caliente y cepillado de uñas, aclarándolas y secán-dolas con toallas de un solo uso. Se lavará siempre:

a) Al comenzar la jornada.
b) Antes y después de usar los servicios higiénicos.
c) Después de tocarse el pelo, la nariz o la boca.
d) Todas las respuestas anteriores son correctas.

36. ¿Qué problemas origina la basura orgánica?

a) Son un medio ideal para la multiplicación de los microorganismos.
b) Atraen frecuentemente insectos, roedores y otros animales que ayudan a la propa-gación de algunas enfermedades.
c) Empiezan a descomponerse en poco tiempo y generan mal olor.
d) Todas las respuestas son correctas.

37. ¿Qué características tendrán los contenedores de basura?

a) Impermeables.
b) De fácil limpieza.
c) Con tapa de cierre hermético.
d) Todas las respuestas son correctas.

38. ¿Qué requisitos debe cumplir el traslado interno de los residuos?

a) Supondrá un riesgo para el personal.
b) No se trasvasarán residuos de un envase a otro.
c) Los circuitos utilizados no serán de uso exclusivo.
d) Todas las respuestas son correctas.

39. ¿Qué afirmación es correcta sobre los restos de comida?

a) Los depósitos intermedios para residuos no tendrán salida al exterior para evitar el acceso de personas no autorizadas.
b) Los depósitos intermedios serán refrigerados para evitar la proliferación de mi-croorganismos.
c) Los depósitos intermedios no dispondrán de ventilación para evitar la propagación de olores.
d) Todas las afirmaciones anteriores son correctas.

40. ¿Qué destino tienen los residuos sólidos urbanos?

a) Se incineran.
b) Se guardan en depósitos de seguridad.

c) Se depositan en vertederos controlados, según recoge la Ley de Residuos Sólidos Urbanos sobre recogida y tratamiento de desechos.
d) Se reciclan.

41. ¿Cómo se clasifican los residuos industriales?

a) Asimilables a urbanos y citotóxicos.
b) Inertes, asimilables a urbanos y tóxicos.
c) Tóxicos y peligrosos, y asimilables a urbanos.
d) Hospitalarios, urbanos y reciclables.

42. ¿Qué fin tienen los residuos radiactivos?

a) Incineración.
b) Vertederos.
c) Almacenamiento.
d) Todas las posibilidades son válidas.

43. ¿Cómo serán los circuitos utilizados para el traslado interno de residuos?

a) Exclusivos.
b) Separados de las vías para público.
c) De un solo sentido.
d) Las opciones a) y b) son correctas.

44. ¿En qué caso es de aplicación la Ley 7/2022, de 8 de abril, de residuos y suelos contaminados para una economía circular?

a) Suelos contaminados.
b) Residuos radiactivos.
c) Los explosivos desclasificados.
d) Todas las respuestas son correctas.

45. Según la Ley 7/2022, de 8 de abril, de residuos y suelos contaminados para una economía circular, un poseedor de residuos es:

a) Una instalación de almacenamiento en el ámbito de la recogida de una entidad local, donde se recogen de forma separada los residuos domésticos.
b) El productor de residuos u otra persona física o jurídica que esté en posesión de residuos.
c) Cualquier persona física o jurídica que desarrolle, fabrique, procese, trate, llene, venda o importe productos de forma profesional, con independencia de la técnica de venta utilizada en su introducción en el mercado nacional.
d) Persona encargada de desempeñar los cometidos previstos en la ley, que designen, en su ámbito respectivo de competencias.

46. ¿Con qué siglas se nombran a los residuos que, generalmente liberando oxígeno, pueden provocar o facilitar la combustión de otras sustancias?

a) HP 2.
b) HP 7.
c) HP 8.
d) HP 9.

47. ¿Qué ley deroga la Ley 7/2022, de 8 de abril, de residuos y suelos contaminados para una economía circular?

a) La Ley 37/2009, de 17 de enero, de residuos y suelos contaminados.
b) La Ley 33/2010, de 9 de abril, de residuos y suelos contaminados.
c) La Ley 5/2011, de 30 de septiembre, de residuos y suelos contaminados.
d) La Ley 22/2011, de 28 de julio, de residuos y suelos contaminados.

48. La Ley 7/2022, de 8 de abril, de residuos y suelos contaminados para una economía circular, no es aplicable a:

a) Los explosivos desclasificados.
b) Los suelos contaminados.
c) Los productos fabricados con plástico oxodegradable.
d) Los artes de pesca que contienen plásticos.

49. ¿Qué consideración otorga la Ley 7/2022, de 8 de abril, a los animales domésticos muertos y los vehículos abandonados?

a) Residuos industriales.
b) Residuos domésticos.
c) Residuos comerciales.
d) Residuos municipales.

Solución al test n.º 7

1. b) Muletón, mantel y cubremantel.

2. a) Una mesa auxiliar.

3. d) Textil.

4. a) 2.

5. a) Para mantener los alimentos a la temperatura adecuada hasta su servicio.

6. c) Evitar que se manche el mantel.

7. d) Son correctas las respuestas a) y b).

8. c) Jerez.

9. b) 60 cm.

10. a) A la derecha.

11. c) Igual o inferior a 7 °C.

12. b) 8 °C.

13. d) La respuesta a es correcta en el caso de la carne picada y la respuesta b es correcta en el caso de los preparados de carne.

14. c) Cuando el huevo alcance al menos 70°C en el centro durante 2 segundos.

15. b) Cuando el pescado de mar se va a consumir en crudo.

16. b) Los usuarios podrán cambiar de lugar, aunque no de mesa, durante la comida.

17. a) Atragantamiento.

18. c) Retirar de la mesa los platos con los restos de comida y todo lo que ha sido utilizado por el usuario.

19. d) Todas las afirmaciones anteriores son correctas.

20. a) –18 ºC.

21. c) Pasteurización.

22. b) Solidifica el agua, impidiendo que esté disponible para los microorganismos.

23. d) Zumos.

24. b) Esterilizar líquidos.

25. c) Congelación lenta.

26. c) Pescado.

27. d) Congeladores de choque.

28. a) Congeladores por contacto directo.

29. c) Conservas.

30. b) Oxidación, y aparición de compuestos tóxicos.

31. b) El autoclave.

32. c) Informará con la finalidad de que se valore la necesidad de someterse a examen médico, y, en caso necesario, su exclusión temporal de la manipulación de productos alimenticios.

33. d) Todo ello, que además será debe ser exclusivo para su puesto de trabajo.

34. c) Está prohibido en todas las fases del proceso.

35. d) Todas las respuestas anteriores son correctas.

36. d) Todas las respuestas son correctas.

37. d) Todas las respuestas son correctas.

38. b) No se trasvasarán residuos de un envase a otro.

39. b) Los depósitos intermedios serán refrigerados para evitar la proliferación de microorganismos.

40. c) Se depositan en vertederos controlados, según recoge la Ley de Residuos Sólidos Urbanos sobre recogida y tratamiento de desechos.

41. b) Inertes, asimilables a urbanos y tóxicos.

42. c) Almacenamiento.

43. d) Las opciones a) y b) son correctas.

44. a) Suelos contaminados.

45. b) El productor de residuos u otra persona física o jurídica que esté en posesión de residuos.

46. a) HP 2.

47. d) La Ley 22/2011, de 28 de julio, de residuos y suelos contaminados.

48. a) Los explosivos desclasificados.

49. b) Residuos domésticos.

Normas de higiene y seguridad en el trabajo: riesgos laborales y medidas preventivas del personal de servicios (comedor, lavandería, limpieza)

1. ¿Cómo se denomina el conjunto de actividades o medidas adoptadas o previstas en todas las fases de actividad de la empresa con el fin de evitar o disminuir los riesgos derivados del trabajo?

a) Seguridad.
b) Higiene laboral.
c) Prevención.
d) Eugenesia.

2. La posibilidad de que un trabajador sufra un determinado daño derivado del trabajo constituye:

a) Una enfermedad profesional.
b) Un accidente laboral.
c) Un riesgo laboral.
d) Una urgencia laboral.

3. En la Ley 31/1995 se dice que cualquier máquina, aparato, instrumento o instalación utilizada en el trabajo se denomina:

a) Útil laboral.
b) Herramienta laboral.
c) Equipo de trabajo.
d) Utensilio de trabajo.

4. ¿Cómo se denomina a cualquier equipo destinado a ser llevado o sujetado por el trabajador para que le proteja de uno o varios riesgos que puedan amenazar su seguridad o su salud en el trabajo, así como cualquier complemento o accesorio destinado a tal fin?

a) Útil laboral.
b) Herramienta laboral.

c) Instrumento seguro de trabajo.
d) Equipo de protección individual.

5. Toda lesión corporal que el trabajador sufra con ocasión o por consecuencia del trabajo que ejecute por cuenta ajena es:

a) Una enfermedad profesional.
b) Un accidente de trabajo.
c) Un riesgo laboral.
d) Una enfermedad común.

6. El incumplimiento por los trabajadores de las obligaciones en materia de prevención de riesgos, si estos son funcionarios públicos o personal estatutario al servicio de las Administraciones Públicas, tendrá la consideración de:

a) Incumplimiento laboral (artículo 58.1 del Estatuto de los Trabajadores).
b) Infracción grave (régimen disciplinario).
c) Falta (régimen disciplinario).
d) Nada de lo anterior es cierto.

7. ¿Quién tiene la máxima obligación de garantizar la seguridad y la salud de los trabajadores?

a) El propio trabajador.
b) Los representantes de los trabajadores.
c) La autoridad laboral.
d) El empresario.

8. El coste de las medidas relativas a seguridad y la salud en el trabajo recaerán sobre:

a) El propio trabajador.
b) Los representantes de los trabajadores.
c) La autoridad laboral.
d) El empresario.

9. ¿En qué apartado de la Ley de Prevención de Riesgos Laborales se establece que el empresario deberá proporcionar a sus trabajadores equipos de protección individual adecuados para el desempeño de sus funciones?

a) En su apartado primero (artículo 6).
b) En su apartado segundo (artículo 17).
c) En su apartado tercero (artículo 27).
d) En su apartado cuarto (artículo 31).

10. ¿Cuál es el peso máximo que se recomienda no sobrepasar (en kg), en condiciones ideales de manipulación?

a) 5.
b) 20.
c) 25.
d) 35.

11. ¿Cuál es el tamaño máximo recomendable de una carga (alto x ancho x profundo, en cm)?

a) c) 70 x 50 x 50.
b) c) 60 x 60 x 60.
c) 60 x 60 x 50.
d) 80 x 60 x 60.

12. Las cargas deberán tener el centro de gravedad:

a) Fijo y centrado.
b) Móvil y centrado.
c) Móvil y descentrado.
d) Fijo y descentrado.

13. Para la manipulación de cargas en postura sentada (en kg), no deberían manipularse cargas de más de:

a) 1.
b) 5.
c) 10.
d) 15.

14. Si la población expuesta al manejo de cargas son mujeres, trabajadores jóvenes o de edad avanzada, no se debería superar cargas mayores de:

a) 5 kg.
b) 10 kg.
c) 15 kg.
d) 25 kg.

15. ¿Cuál es el límite de alcance para muchas personas en altura (en cm) a la hora de manipular cargas?

a) 125.
b) 150.
c) 160.
d) 175.

16. Lo ideal y preventivo es no transportar una carga a una distancia superior a:

a) 1 metro.
b) 2 metros.
c) 3 metros.
d) 4 metros.

17. ¿Cuál es el límite de peso para parar o poner en movimiento una carga (en kg)?

a) 10.
b) 15.
c) 20.
d) 25.

18. ¿Cuál de los siguientes es un riesgo biológico?

a) Virus.
b) Vapores orgánicos con el xileno.
c) Aire acondicionado.
d) Humo metálico.

19. ¿Qué temperatura aproximada debe existir por normativa en los locales de trabajo cerrado donde se realicen trabajos sedentarios, propios de oficinas o similares?

a) Entre 5 y 15 ºC.
b) Entre 10 y 20 ºC.
c) Entre 17 y 27 ºC.
d) Entre 25 y 35 ºC.

20. ¿Qué nivel máximo de intensidad acústica (en dB) como edificio público y características propias de trabajo poseen los hospitales?

a) 25.
b) 45.
c) 65.
d) 85.

21. ¿Qué se puede definir como aquellas situaciones en las que una persona se convierte en el blanco del entorno laboral al que corresponde, siendo subyugado y perseguido por los miembros de la empresa, compañeros o/y superiores, acarreándole trastornos físicos y psíquicos importantes en su salud?

a) Bulling.
b) Burnout.
c) Mobbing.
d) Distrés.

22. ¿Cuál de los siguientes equipos es un Equipo de Protección Individual (EPI)?

a) El extintor.
b) El resguardo de la cortadora de alambre.
c) El guante de malla de acero.
d) El pulsador de alarma antiincendios.

23. Los representantes de los trabajadores con competencia en materia de prevención de riesgos laborales son:

a) Los miembros de la Junta de personal, Junta Facultativo y Junta de Enfermería.
b) Los técnicos de prevención de riesgos laborales.
c) El servicio de medicina preventiva.
d) Los delegados de prevención.

24. ¿Quién debe garantizar a los trabajadores la vigilancia periódica de su estado de salud en función de los riesgos inherentes al trabajo?

a) La Inspección de Trabajo.
b) El propio trabajador.
c) El empresario.
d) Las secciones sindicales.

25. El derecho básico reconocido a los trabajadores por la Ley 31/1995, de 8 de noviembre, es:

a) La vigilancia de su estado de salud.
b) Una protección eficaz en materia de seguridad y salud en el trabajo.
c) La formación en materia preventiva.
d) La información, consulta y participación.

26. ¿Cuál es la vigente Ley de Prevención de Riesgos Laborales?

a) Ley 32/1995, de 8 de noviembre.
b) Ley 30/1996, de 8 de noviembre.
c) Ley 31/1995, de 6 de noviembre.
d) Ley 31/1995, de 8 de noviembre.

27. Entre los principios de la acción preventiva recogidos en el artículo 15 de la Ley de Prevención de Riesgos Laborales, no figura:

a) Evitar los riesgos.
b) Evaluar los riesgos que se puedan evitar.
c) Tener en cuenta la evolución de la técnica.
d) Dar las debidas instrucciones a los trabajadores.

28. Entre las obligaciones de los trabajadores recogidas por la Ley de Prevención de Riesgos Laborales, no figura:

a) Informar directamente al empresario de cualquier situación que entrañe riesgo para la seguridad o salud de los trabajadores.

b) Contribuir al cumplimiento de las obligaciones establecidas por la autoridad competente con el fin de proteger la seguridad y la salud de los trabajadores en el trabajo.

c) Cooperar con el empresario para que este pueda garantizar unas condiciones de trabajo que sean seguras y no entrañen riesgos para la seguridad y la salud de los trabajadores.

d) Utilizar correctamente los medios y equipos de protección facilitados por el empresario, de acuerdo con las instrucciones recibidas de este.

29. El art. 29 de la LPRL establece las obligaciones de los trabajadores en materia de prevención de riesgos. De las siguientes no se considera una obligación del trabajador:

a) Utilizar correctamente los medios y equipos de protección facilitados por el empresario, de acuerdo con las instrucciones recibidas de este.

b) Usar adecuadamente, de acuerdo con su naturaleza y los riesgos previsibles, las máquinas, aparatos, herramientas, sustancias peligrosas, equipos de transporte y, en general, cualesquiera otros medios con los que desarrollen su actividad.

c) Informar de inmediato a su superior jerárquico directo, y a los trabajadores designados para realizar las actualizaciones que consideren oportunas en el equipo de protección individual.

d) No poner fuera de funcionamiento y utilizar correctamente los dispositivos de seguridad existentes o que se instalen en los medios relacionados con su actividad o en los lugares de trabajo en los que esta tenga lugar.

30. La norma reglamentaria que regula las disposiciones mínimas de seguridad y salud relativas a la utilización por los trabajadores de equipos de protección individual es:

a) El Real Decreto 39/1997, de 20 de junio.

b) La Ley 31/1995, de 8 de noviembre.

c) El Real Decreto 1215/1997, de 18 de julio.

d) El Real Decreto 773/1997, de 20 de mayo.

31. No tienen la consideración de equipos de protección individual:

a) La ropa de trabajo corriente y los uniformes que no estén específicamente destinados a proteger la salud o la integridad física del trabajador.

b) Los equipos de los servicios de socorro y salvamento.

c) Los equipos de protección individual de los militares, de los policías y de las personas de los servicios de mantenimiento del orden.

d) Todas las respuestas son correctas.

32. Respecto de los equipos de protección individual no es correcto afirmar que:

a) Es obligación del empresario determinar los puestos de trabajo en los que deba recurrirse a la protección individual y precisar, para cada uno de estos puestos, el riesgo o riesgos frente a los que debe ofrecerse protección, las partes del cuerpo a proteger y el tipo de equipo o equipos de protección individual que deberán utilizarse.

b) Es obligación del empresario elegir los equipos de protección individual, manteniendo disponible en la empresa o centro de trabajo la información pertinente a este respecto y facilitando información sobre cada equipo.

c) Es obligación del empresario descontar de la nómina de cada trabajador el coste de los equipos de protección individual que deban utilizar, así como el de su reposición cuando esta sea necesaria.

d) Es obligación del empresario velar por la correcta utilización de los equipos de protección individual.

33. Los equipos de protección individual deberán utilizarse:

a) Cuando existan riesgos para la seguridad o salud de los trabajadores que no hayan podido evitarse o limitarse suficientemente por medios técnicos de protección colectiva o mediante medidas, métodos o procedimientos de organización del trabajo.

b) En todo caso.

c) Siempre que existan riesgos para la seguridad o salud de los trabajadores.

d) Cuando lo decida el comité de empresa tras la pertinente deliberación.

34. No es condición que deben reunir los equipos de protección individual:

a) Tener en cuenta las condiciones anatómicas y fisiológicas y el estado de salud del trabajador.

b) Tener un precio moderado.

c) Proporcionar una protección eficaz frente a los riesgos que motivan su uso, sin suponer por sí mismos u ocasionar riesgos adicionales ni molestias innecesarias.

d) En caso de riesgos múltiples que exijan la utilización simultánea de varios equipos de protección individual, estos deberán ser compatibles entre sí y mantener su eficacia en relación con el riesgo o riesgos correspondientes.

35. La utilización, el almacenamiento, el mantenimiento, la limpieza, la desinfección cuando proceda, y la reparación de los equipos de protección individual deberán efectuarse de acuerdo con:

a) Las instrucciones del fabricante.

b) Las instrucciones del trabajador al que van destinados.

c) Las instrucciones del empresario.

d) Las instrucciones del Comité de Seguridad y Salud.

36. No es una obligación de los trabajadores en materia de equipos de protección individual:

a) Utilizar y cuidar correctamente los equipos de protección individual.

b) Colocar el equipo de protección individual después de su utilización en el lugar indicado para ello.

c) Informar de inmediato a su superior jerárquico directo de cualquier defecto, anomalía o daño apreciado en el equipo de protección individual utilizado que, a su juicio, pueda entrañar una pérdida de su eficacia protectora.

d) Correr con los gastos que supongan los arreglos del EPI cuando se deteriore por el uso.

37. No se encuentra entre las obligaciones del empresario respecto de los equipos de protección individual:

a) Determinar los puestos de trabajo en los que deba recurrirse a la protección individual y precisar, para cada uno de estos puestos, el riesgo o riesgos frente a los que debe ofrecerse protección, las partes del cuerpo a proteger y el tipo de equipo o equipos de protección individual que deberán utilizarse.

b) Elegir los equipos de protección individual, manteniendo disponible en la empresa o centro de trabajo la información pertinente a este respecto y facilitando información sobre cada equipo.

c) Proporcionar a los trabajadores los equipos de protección individual que deban utilizar, reponiéndolos cuando resulte necesario, descontando de la nómina de cada trabajador el coste del equipo proporcionado.

d) Velar por que la utilización de los equipos se realice conforme a lo dispuesto por el Real Decreto de aplicación.

38. Asegurar que el mantenimiento de los equipos de protección individual se realice conforme a la normativa de aplicación es una obligación de:

a) El trabajador.

b) El empresario.

c) El delegado de prevención.

d) El servicio de prevención.

39. Las condiciones en que un equipo de protección deba ser utilizado, en particular en lo que se refiere al tiempo durante el cual haya de llevarse, se determinarán en función de diversas circunstancias entre las que no se encuentra:

a) La gravedad del riesgo.

b) El tiempo o frecuencia de exposición al riesgo.

d) Las condiciones del puesto de trabajo.

d) La edad del trabajador.

40. Respecto de la formación e información de los trabajadores en el uso de equipos de protección individual no es cierto afirmar que:

a) El empresario deberá informar a los trabajadores, previamente al uso de los equipos, de los riesgos contra los que les protegen, así como de las actividades u ocasiones en las que deben utilizarse.

b) El empresario deberá proporcionar a los trabajadores las instrucciones de uso siempre de forma verbal.

c) La información deberá ser comprensible para los trabajadores.

d) El empresario garantizará la formación y organizará, en su caso, sesiones de entrenamiento para la utilización de equipos de protección individual, especialmente cuando se requiera la utilización simultánea de varios equipos de protección individual que por su especial complejidad así lo haga necesario.

41. Si hablamos de manipulación manual de cargas, el calzado que deberá utilizarse debe ser:

a) Antideslizante.

b) Con protección adecuada el pie contra la caída de objetos.

c) Estable y no provocar caídas.

d) Todas las respuestas son correctas.

42. Uno de los siguientes factores no forma parte del estudio de la carga mental:

a) La cantidad y complejidad de la información que debe tratarse por el trabajador.

b) El ritmo de trabajo y la posibilidad de hacer pausas o de alternar con otro tipo de tareas.

c) La existencia o no de Servicio de Prevención Propio.

d) Aspectos individuales del trabajador.

43. Para prevenir los riesgos ergonómicos es recomendable:

a) Manipular cargas pesadas sin ayuda de medios mecánicos o compañeros.

b) Evitar posturas forzadas y mantenidas durante mucho tiempo.

c) Realizar trabajos repetitivos sin alternar tareas.

d) Sentarse frente al ordenador en la postura más cómoda, sin tener en cuenta la altura de la silla, la distancia a la pantalla ni la posición del teclado.

44. ¿Qué consideras falso respecto de la aireación natural en un local de trabajo?

a) Tiene el inconveniente de que dicho local está sometido a cambios bruscos de temperatura.

b) Con ella no se garantiza una temperatura más o menos constante a lo largo de todo el año.

c) En los casos de ambientes contaminados, nunca contribuyen a extender la contaminación.

d) Genera corrientes.

45. ¿Qué método se emplea para eliminar o paliar los olores desagradables en el ambiente de trabajo, especialmente en algunos tipos de industrias?

a) Aireación.
b) Absorción de los mismos por carbón activo.
c) Filtración laminar.
d) Son ciertas a) y b).

46. ¿A qué se denomina cuando se dice: "es aquel en el que la producción de calor metabólico está en equilibrio con las pérdidas de calor orgánico (por convección e irradiación), las pérdidas de calor respiratorio y la transpiración insensible"?

a) Ambiente térmico fisiológico.
b) Ambiente térmico neutro.
c) Ambiente térmico físico-químico.
d) Nada de lo anterior es cierto.

47. ¿A qué nos referimos cuando hablamos de la sensación auditiva que va asociada a la frecuencia de los sonidos y se refiere a la altura del ruido?

a) Potencia.
b) Tono.
c) Intensidad.
d) Timbre.

48. ¿Qué parámetro del sonido se mide en caso de sospecha de contaminación acústica?

a) Potencia.
b) Tono.
c) Intensidad.
d) Timbre.

49. ¿Cuál es la unidad más empleada en medicina del trabajo respecto al ambiente sonoro, si queremos evaluar la existencia o no de contaminación acústica?

a) Lumen.
b) Son.
c) Decibelio.
d) Metro/segundo.

50. El término hostigamiento o acoso en el trabajo es el denominado:

a) Mobbing.
b) Burnout.

c) Eustrés.
d) Distrés.

51. ¿Cómo se denomina el mobbing que se produce si un empleado es agredido u hostigado por uno o varios compañeros del mismo nivel jerárquico en la empresa?

a) Ascendente.
b) Vertical.
c) Horizontal.
d) Descendente.

52. ¿Cómo se llama también el síndrome de quemado o de agotamiento profesional?

a) Mobbing.
b) Burnout.
c) Eustrés.
d) Distrés.

Solución al test n.º 8

1. c) Prevención.

2. c) Un riesgo laboral.

3. c) Equipo de trabajo.

4. d) Equipo de protección individual.

5. b) Un accidente de trabajo.

6. c) Falta (régimen disciplinario).

7. d) El empresario.

8. d) El empresario.

9. b) En su apartado segundo (artículo 17).

10. c) 25.

11. c) 60 x 60 x 50.

12. a) Fijo y centrado.

13. b) 5.

14. c) 15 kg.

15. d) 175.

16. a) 1 metro.

17. d) 25.

18. a) Virus.

19. c) Entre 17 y 27 ºC.

20. a) 25.

21. c) Mobbing.

22. c) El guante de malla de acero.

23. d) Los delegados de prevención.

24. c) El empresario.

25. b) Una protección eficaz en materia de seguridad y salud en el trabajo.

26. d) Ley 31/1995, de 8 de noviembre.

27. b) Evaluar los riesgos que se puedan evitar.

28. a) Informar directamente al empresario de cualquier situación que entrañe riesgo para la seguridad o salud de los trabajadores.

29. c) Informar de inmediato a su superior jerárquico directo, y a los trabajadores designados para realizar las actualizaciones que consideren oportunas en el equipo de protección individual.

30. d) El Real Decreto 773/1997, de 20 de mayo.

31. d) Todas las respuestas son correctas.

32. c) Es obligación del empresario descontar de la nómina de cada trabajador el coste de los equipos de protección individual que deban utilizar, así como el de su reposición cuando esta sea necesaria.

33. a) Cuando existan riesgos para la seguridad o salud de los trabajadores que no hayan podido evitarse o limitarse suficientemente por medios técnicos de protección colectiva o mediante medidas, métodos o procedimientos de organización del trabajo.

34. b) Tener un precio moderado.

35. a) Las instrucciones del fabricante.

36. d) Correr con los gastos que supongan los arreglos del EPI cuando se deteriore por el uso.

37. c) Proporcionar a los trabajadores los equipos de protección individual que deban utilizar, reponiéndolos cuando resulte necesario, descontando de la nómina de cada trabajador el coste del equipo proporcionado.

38. b) El empresario.

39. d) La edad del trabajador.

40. b) El empresario deberá proporcionar a los trabajadores las instrucciones de uso siempre de forma verbal.

41. d) Todas son correctas.

42. c) La existencia o no de Servicio de Prevención Propio.

43. b) Evitar posturas forzadas y mantenidas durante mucho tiempo.

44. c) En los casos de ambientes contaminados, nunca contribuyen a extender la contaminación.

45. d) Son ciertas a) y b).

46. b) Ambiente térmico neutro.

47. b) Tono.

48. c) Intensidad.

49. c) Decibelio.

50. a) Mobbing.

51. c) Horizontal.

52. b) Burnout.

Cómo acceder al Curso

Personal de Servicios
Test del temario

El uso de los códigos **es exclusivo de los compradores de los productos dc Editorial MAD**. Cada producto posee un código único y de un solo uso. Es personal e intransferible y da acceso a servicios y contenidos adicionales. Editorial MAD se reserva el derecho de hacer cuantas comprobaciones sean necesarias para identificar al legítimo poseedor del código y dejar de dar servicio a quien haga uso fraudulento del mismo, además de emprender cuantas acciones legales estime oportunas según la legislación vigente.

Deberás acceder a:

mad.es/registro-campus

Si una vez aceptadas las condiciones de uso del Campus decides hacer uso del mismo, necesitarás del siguiente código de acceso junto con los códigos del resto de títulos que se exigen (si fuera el caso):

YHP4R17KEW